기본소득 논란의 두 얼굴

기본소득
논란의 두 얼굴

복거일·김우택·이영환·박기성·변양규

기본소득과 안심소득, 진정한 한국적 분배 복지는 무엇인가

한국경제신문

서문

　인류 문명이 일어난 뒤, 가난한 사람들을 돕는 것은 어느 사회에서나 가장 중요한 과제였다. 전쟁, 전염병, 흉작과 같은 사회적 재앙이 수시로 찾아들고 온갖 개인적인 불운이 삶을 위협하므로, 가난은 누구에게나 닥칠 수 있다. 그러나 '가난 구제는 나라도 못한다'는 속담처럼, 가난한 사람이 없는 사회는 여전히 이루지 못한 이상이다.

　따라서 가난에 효과적으로 대처하는 방안이 끊임없이 논의되고 실행되었다. 이런 방안 가운데, 사회의 모든 구성원이 최소한의 소득을 얻도록 하는 '기본소득' 제도는 늘 많은 사람을 매료했다. 70여 년에 걸친 공산주의 실험이 실패해 모든 사람의 재산과 소득을 똑같이 분배하자는 극단적 평등주의가 비현실적이라는 사실이 드러난 뒤에는, 가난한 사람들에게 최소한의 보조금을 지급한다는 목표를 내세운 온건한 기본소득에 대한 관심이 부쩍 커졌다. 근년에 안정되고 부유한 나라들이 이 방안을 진지하게 검토하고 몇몇 나라에서는 실행을 준비한다.

우리나라에서도 기본소득에 대한 논의가 일었다. 기본소득은 언뜻 보면 간단한 제도지만, 이론적으로나 실제적으로나 여러 문제를 안았다. 여유 있는 사람들에게서 세금을 거두어 가난한 사람들에게 분배하는 데에는 거센 저항과 상당한 비효율이 따를 수밖에 없다. 아쉽게도 그런 문제들에 대한 사회적 논의가 한산한 편이다. 우리 사회의 관행을 고려하면, 이 중요한 제도가 별다른 논의 없이 정치적 상황에 따라 갑작스레 도입될 가능성이 적지 않다. 따라서 기본소득을 우리 현실에 맞도록 설계하고, 그 방안을 놓고 구체적으로 논의하는 일이 꼭 필요하고 중요하다. 이 책은 이런 생각에서 쓰였다.

기본소득이 몇 세기 동안 진화하면서 나온 여러 방안 가운데 '음소득세(Negative Income Tax)'가 가장 우수하다는 평가를 받는다. 모든 시민에게 기본소득을 보장하고 정부가 주는 보조금을 마이너스 소득세로 간주하는 제도다. (여기에서 음소득세라는 이름이 나왔다.) 즉 이 제도는 세금과 복지를 하나의 과표(課標)에 통합한다. 덕분에 세율을 합리적으로 조정할 수 있어서, 정부 보조를 받는 사람들은 임금이 아주 낮은 일자리도 마다하지 않게 된다. 당연히, 보조금으로 인한 근로 의욕 저하도 상당히 줄어든다.

모든 사회 개혁은 기득권을 누리는 사람들의 저항을 맞닥뜨린다. 합리적이고 현실적인 음소득세도 많은 사람들의 저항을 마주할 수밖에 없다. 자연히, 음소득세를 설계하는 이들은 그런 저항을 줄일 길을 찾게 마련이다. 이 책에서 논의하는 음소득세도 저항을 최소화하려는 모색의 산물이다. 제안자들이 '안심소득'이라 하는 이 방안은, 음소득세의 적용 구간을 최소화해서 현 세제의 기본 틀을 되도록 건드리지 않는 길을 골랐다. 우리 저자들은, 이 책이 기본소득에 관한 시민들의 관심과 정책 입안자들의 논의를 불러일으키는 계기가 되기를 희망한다.

2017년 봄
저자들을 대표해, 복거일 씀.

목차

I.
기본소득제 논의를 위한 첫걸음

기본소득 논의
활성화의 배경

●

"소득 재산 안 따지고 매달 30만 원 주겠다고?"
"야권 주장 '기본소득' 대선 공약 논란"
"○○○, 전 국민에 年 30만 원 토지배당금 줄 것"
"○○○, 청년 노인 등에 年 100만 원"
"○○○, 취업자 제외하고 月 30만 원"

매번 선거철을 앞두고 뉴스 기사 제목으로 자주 접하곤 하는 후보들의 공약이다. 2016년 중반 스위스에서 기본소득 안에 대해 국민 투표가 실시되기 전 관심이 잠시 고조되었다가 수그러들었으나, 선거를 앞두고 다시 고개를 든 것이다. 이러한 여러 정치 일정이 기본소득 논의에 대한 계기가 되긴 했지만, 그 진정한 배경은 요즈음 우리나라 언론의 주요 화두로 떠오른 제4차 산업혁명이다.

이세돌 9단이 알파고에 충격적으로 패배하면서 인공지능(AI)과 빅 데이터에 겨우 눈뜬 한국 사람들에게는 갑작스러워 보이는 문제지만, 이미 눈앞에 현실로 다가오고 있는 제4의 산업혁명을 선진국에서는 꽤 오래전부터 재앙으로 인식하기 시작했다. 공상과학소설에서 인류가 꿈꾸던 낙원으로 인도하는 기술혁신이 아니라, 평범한 사람들의 일자리와 함께 생계 수단을 앗아가는 재앙으로 말이다.

현재 제4차 산업혁명이 몰고 올 실업에 대한 공포가 고조되는 상황이다. 인공지능, 빅 데이터, 로봇, 사물인터넷(IoT), 무인자동차, 드론, 클라우딩, 3D프린팅 같은 기술혁신이 가속화하고, 그로 인해 발생할 실업 문제에 대처할 시간이 촉박하다는 초조함에 기득권 엘리트들조차 확실한 사회 안전망 구상에 귀를 기울이고 있다. 게다가 날로 악화하는 소득 양극화 해결을 도울 만한 처방이라면 더욱 그렇다.

　모든 국민에게 월 2천 5백 스위스 프랑(약 300원)을 보장하는 '기본소득(Basic Income)' 안이 2016년 6월초 스위스 국민 투표에서 부결되었으나, 그 구상은 핀란드, 네덜란드, 캐나다, 알라스카, 캘리포니아 등지에 아직 살아 있다. 뿐만 아니라 케이토 연구소(Cato Institute), 찰스 머리(Charles Murray)[1]나 안소니 애트킨슨(Anthony Atkinson), 폴 크루그만(Paul Krugman), 로버트 라이시(Robert Reich) 같은 좌우 진영의 연구소와 유명 학자들도 나름의 방안을 제시하거나 기본소득을 지지하며 논의에 가세해, 기본소득 구상이 힘을 얻고 있는 상황이다.[2] 주류 경제학에서는 지금까지 알려진 기본소득 구상에 대해, 그 안에 담긴 구체적인 제안들을 '깊이 생각해보지 않은 사람들의 환상' 정도로 치부하거나 '정치적으로 실현 가능성이 전무하다'며 무시하는 듯하다.

1　Charles Murray, "A guaranteed income for every American", *The Wall Street Journal*, June 3, 2016.
　http://www.aei.org/publication/a-guaranteed-income-for-every-american/

2　"Universal basic income", *The Economist*, June 4th 2016: pp. 21~24.

그러나 지난 30여 년 사이 오래된 구상인 기본소득이 재발견되고 그 논의가 활성화된 배경에는, 제4차 산업혁명의 파장 외에도 선진국들이 방대한 복지 관료체제와 비효율성, 지속 불가능한 재정 부담, 의존적 복지 수혜자 양산 등 현 복지 제도의 문제점을 개선할 필요가 있다고 느꼈기 때문이다. 그런 만큼 그간의 논의가 허황된 것만은 아니었던 듯하다.

핀란드가 지난 2017년 1월부터 2년 기한으로 시작한 '기본소득' 정책 실험은 세계 최초인 전국 규모 실험이다. 2015년 5월 말 연정으로 출범한 현 내각이 3개월 만에 과학적이고 현실적인 실험 모델을 설계할 연구 컨소시엄을 공모로 선정하고, 1년간 연구와 입법 등 준비 과정을 거쳐 기본소득제를 시범 실시하는 것이다.

2년 뒤 우리는 이 정책 실험의 결과를 통해 많은 중요한 정보를 제공받을 것이다. 그러나 이 시점에서 우리가 얻어야 할 보다 중요한 교훈은, 백년대계의 중대한 정책 결정에 임하는 핀란드 정부의 자세다. 복잡한 인간 사회에서 구성원들이 상호 작용하면서 만들어내는 문제들은 대부분의 경우, 단순한 생각에서 나오는 손쉬운 해결책이 그 정답은 아니다. 예를 들어 인플레이션에 시달리는 나라의 권력자들이 자주 휘두르는 가격 동결이라는 직관적 정책 수단이 진정한 해결책이 되지 못하듯이 말이다. 따라서 중요한 정책을 새로 도입하려면 그 정책으로 인해 발생할 결과를 신중히 예측해봐야 한다. 그러나 많은 경우 실험을 통해서가 아니라면 신뢰할 만한 예측이 불가능하다. 문제는 거기서 그치는 것이 아니라, 실험 모델의 설계에 따라 실험 결과가 좌우되기 때문에 때로는 실험 결과도 실제 상황을 잘못 예측할 수 있다는 데 있다. 선거 결과를 정확히 예측하지 못하는 여론 조사처럼 말이다.

핀란드에서 진행되고 있는 정책 실험에 사용되고 있는 실험 모형은 이 점을 충분히 고려해 설계되었다. 세 가지 기본소득 모델에 대해 그 모델이 시행되었을 때 기대되는 정책 효과를 컴퓨터 모의실험(simulation)을 통해 추정하고, 이를 비교 검토해 정책 목표에 가장 잘 부합하는 기본소득 모델을 확정하고, 실험을 통해 얻고자 하는 정보를 얻기에 가장 적합한 실험 모형을 설계한 것이다.[3]

---

3   Kangas, 2016.

선진국과 같은 문제를 안고 있는 우리도 당장 여러 대안을 비교 검토하는 연구와 토론을 시작하고 이어서 정책 실험을 추진해야 한다. 우리는 그 논의의 기초가 될 자료를 제공해 내실 있는 토론의 장을 마련하는 첫걸음으로 삼고자, 심각하게 검토해야 할 대안들을 다음과 같이 소개하고 그 장단점을 논하려 한다.

기본소득의 정의와
구상의 두 뿌리

•

기본소득 구상은 폭넓은 이념적 스펙트럼의 사람들로부터 어떻게 지지를 얻을 수 있는 것일까? 그 이유는 "공동체가 모든 구성원에게 아무 조건 없이 지급하는 소득"이라는 기본소득 정의에서 찾을 수 있다. 즉, '조건 없이 모두에게'에서 도출되는 함의가 그들의 이념에 부합하기 때문이다.

지유를 생명과 함께 지켜야 할 가장 중요한 가치로 생각하는 자유주의자들이 정부가 운영하는 복지 제도를 거부하지 않는 이유는, 무임승차 문제 때문이다. 개인의 자발적인 자선만으로는 충분한 사회 안전망을 구축할 수 없기 때문이다. 그렇지만 그들은 관료의 재량권이 최소화된, 투명하고 단순한 복지 제도를 바란다. 그 기준에서 판단해보면, 기존 복지 제도를 대체한다는 전제 아래 최소한의 행정력으로 운영할 수 있는 기본소득제가 복잡하게 얽힌 현행 제도를 개선하는 옳은 방향이다.

반면, 권리로서 보장되는 소득은 평등주의 성향인 좌파 지식인들에게 매력적인 구상이다. 현행 복지 제도의 문제점으로 지적되어온 수혜자들에 대한 '낙인 효과'를 없앨 뿐 아니라 노동자 계급의 협상력을 높이며, 여성들에게 경제적 독립성을 확보해주는 등의 효과를 기대하기 때문이다. 그러나 역사상 독립적으로 기본소득을 주장한 사상가들의 논리적 기초는 단순한 좌우 이분법을 넘어 다양하게 나타난다.

기본소득 구상의 철학적,
역사적[4] 전개 과정

●

기본소득 구상의 첫걸음, '유토피아'에서 구빈법으로

500년 전 토마스 모어(Thomas More, 1478~1535) 경은 저서《유토
피아》에서, 걸인이나 부랑자들이 저지르는 경미한 절도죄를 예방
하고 사회질서를 유지하는 방법으로는 엄격한 처벌보다 공공부
조가 더 효과적이라는, 합리성에 근거한 주장을 폈다.

---

4   Birnbaum and Widerquist, 2005로부터 자료 정보에 관해 많은 도움을 얻었음.

"훔치는 것 말고는 목숨을 부지할 다른 어떤 방법도 없는 사람은 아무리 가혹한 형벌로도 막지 못한다. 절도범들을 끔찍한 형벌로 다스리고 있지만 그보다는 모든 사람에게 약간의 생계 수단을 제공해서, 목숨 걸고 훔치지 않을 수 없는 절실한 상황을 면하게 하는 것이 훨씬 나은 방법이다."[5]

이 같은 합리적 정책 수단으로서의 최소소득 구상이 뒷날 각 교구 공동체가 책임지는 '구빈법(Poor Law)' 같은 초기 공공부조 제도 탄생에 영향을 미쳤다. '구빈법'이란 '1597년 빈민구제법'과 기존의 빈민구제 관행을 종합 체계화해 1601년 공포한 '엘리자베스 구빈법'(Elizabethan Poor Law 또는 Old Poor Law)[6]이다. 이 법이 만들어지기 이전까지 영국의 빈민 관련 정책은 두 축의 법률로 이루어졌다. 한 축은 걸식하며 떠돌다가 때로는 훔치기도 하는 부랑자들을 단속하고 처벌하는 치안 목적의 부랑자법 계열이고, 다른 축은 흉년과 기근으로 일시적인 어려움에 처한 정주 농민들을 돕기 위한 빈민구제법 계열이다. 모어 경의 최소소득 아이디어가

---

5   More, 1901(Kindle Version, Location 171~181/1774)
6   '1834년 개정 구빈법'이 '신구빈법'으로 불리면서, 이에 대비해 사용되었다.

나오는 위《유토피아》인용문 앞 페이지에는 "절도범들은 한 교수대에서 스무 명이 동시에 처형될 정도로 신속하게 법이 집행되고 있고, 소수만이 교수형을 면하는데도 어떻게 아직도 도처에 도둑들이 그렇게나 많은지 놀랍다"는 대화가 나오는데, 이는 부랑자법의 가혹성에 대한 증언이다. 1547년과 1572년에도 엄벌을 재확인하는 부랑자법이 다시 만들어졌다.

반면, 종교개혁 때 중세 이래 빈민구제의 중심 역할을 하던 수도원과 교회의 재산을 헨리 8세가 몰수하자, 빈민구제 활동이 매주 교회에서 걷는 자선금에 의존할 수밖에 없게 되었다. 정부는 빈민구제를 각 교구가 책임지도록 하는 빈민구제법을 제정해 더 이상 자발적인 성금이 아니라, 요즘 식으로 표현하면 이웃돕기 성금 할당제를 시행하게 된다. 1563년 빈민구제법에서는 매주 자신의 경제적 능력에 상당하는 성금을 내지 않을 경우 치안 재판에서 10파운드의 벌금을 부과할 수 있도록 했다. 1601년 '구빈법'은 이들 두 축의 법률들을 통합한 것이다. 실질적 세금이던 성금 할당제를 빈민세(poor rate)라는 재산을 기준으로 부과하는 빈민구제 목적세로 법제화했다. 빈민세는 각 교구별로 세율이 결정되고 집행된다. 빈민은 근로 능력이 있는 그룹과 근로 능력이 없는 집

단으로 나누어 전자에게는 일자리를 제공하거나 강제 노역장에
보내고, 후자의 경우에는 구빈원에 수용하거나 또는 최소한의 식
품과 의류를 제공한다. 이 제도의 기본 발상은, 빈곤 문제를 빈민
이 태어나서 자란 공동체가 책임져야 한다는 것이다.

권리로서의 기본소득,
프랑스혁명 평등사상에서 사회주의 운동 확산까지

계몽주의 사상가이자 혁명가인 토마스 페인(Thomas Paine)에서
유토피안 사회주의자 샤를 푸리에(Charles Fourier)와 조셉 샤를리
에(Joseph Charlier)를 거쳐, 사회주의 확산에 그 누구보다도 크게
기여한 자유주의자 존 스튜어트 밀(John Stuart Mill) 등은 권리로
서의 기본소득 논리 개발에 한몫한 사상가들이다.

　프랑스혁명 당시 페인은 프랑스어조차 하지 못하는 외국인이
면서도 국민의회(National Convention) 의원에 당선되었다. 9명으
로 구성된 헌법 위원회 위원에 선출되어 1793년 공화국 헌법 초

안 작성에 참여했다. 곧 닥쳐온 혁명의 주도권 다툼에서 승리한 로베스피에르를 중심으로 한 자코뱅 클럽이 혁명 반대파들뿐 아니라 클럽 내의 온건파 지롱드들도 단두대에서 처형하는 공포정치가 시작되었다. 페인도 지롱드로 지목되어 사형선고를 받고 수감(1793.12)된 뒤 처형을 기다리던 중, 간수의 실수로 처형장에 나가지 않는 행운을 맞는다. 그 뒤 로베스피에르가 곧 실권한다. 이렇게 이어진 우연과 행운으로 살아남아 출감(1794.11)한 뒤 의원 신분을 회복(1795.7)했다. 공포정치를 청산하며 출범한 혁명정부인 5인의 집정부와 의회는 급진적인 1793년 헌법을 대체하는 1795년 헌법을 작성해 통과시켰다. 페인은 새 헌법에 반대한 의원 3명 중 한 명이었다. 새 헌법이 혁명의 '인권선언' 평등 원리에 어긋난다는 이유였다.[7] 1797년 그는 "농지법과 농지 독점에 반대하는 농지 정의(Agrarian Justice opposed to Agrarian Law, and to Agrarian Monopoly)"라는 팸플릿을 의회와 집정부에 보낸다. 이 문서에서 그는 권리로서의 기본소득 논리에 기초한 새 제도를 제안했다.

---

[7]   Paine, 2010, XXV, *The Constitution of 1795*. Speech in the French National Convention, July 7, 1795.

페인의 논리는 지구상 자연 상태의 땅은 인류의 공동재산이라는 전제에서 출발한다. 이 땅을 개간해 사유화한 사람이 갖는 권리는 그가 개량해서 늘어난 땅만의 가치이기 때문에, 그는 개간에 사용한 땅에 대한 지대를 공동체에 지불할 의무를 지닌다. 미개간 토지의 공동 소유권자로서 모든 사람은 땅을 개간해 사유화한 지주들이 공동체에 지불하는 지대의 일정 몫을 받을 권리가 있다. 그래서 정부는 지주들에게서 지대를 받아 모든 사람에게 일정 금액을 지급해야 한다고 주장했다.[8]

페인은 팸플릿의 서문 형식을 빌린, 프랑스 의회와 집정부에 보내는 공개서한에서 이 제도를 제안하는 동기를 밝힌다. 1795년 헌법이 당시까지 인류가 만든 최고의 헌법이지만 재산 조건부 선거권 조항으로 평등권 원리를 어겼다는 게 유일한 흠이라는 지적이다. 더 나아가 만일 재산 조건부 선거권이 옳다 하더라도 모든 사람이 자연 재산의 정당한 상속자로서 지분을 지니기 때문에,

---

8   Paine, 2010, XXVIII. *Agrarian Justice*.

이 조건으로는 그 누구의 선거권도 제한할 수 없다고 주장한다. 그러니 개헌을 하고 동시에 그 구상에 기초한 권리로서의 기본소득을 제도화해 빈곤 정책으로 삼자는 것이다.

평등사상에 기초한 페인의 다소 엉뚱해 보이는 제안이 그의 사후에도 사회주의 확산과 함께 상기되곤 했다. 푸리에는 문명이 문명 이전인 수렵 채집 시대 사람들에게서 생계 수단 마련의 터전인 토지를 빼앗았다면, 빼앗은 토지의 상속자인 지금의 소유주들은 빼앗긴 사람들에게 최소한의 생계를 보장해야 한다고 주장했다. 푸리에주의자로 분류되는 샤를리에는 모든 시민에게 '토지 배당'이라는 이름으로 전체 부동산 임대료에 기초해 의회가 매년 정하는 액수만큼 받을 권리를 부여하자고 제안했다. 그들 모두 페인처럼 토지 소유에 대한 동등한 권리를 일정 소득에 대한 조건 없는 권리의 기초로 본 셈이다.

푸리에주의자들의 보다 진전된 형태의 기본소득 개념이 밀의 《정치경제의 원리》에 소개되었다. 푸리에주의 산업 공동체에서 생산물의 분배는 "먼저 일정 최소량이 공동체 구성원 모두, 노동

가능 여부를 떠나 모든 노동자의 생계를 위해 할당된다. 생산물의 나머지는 노동, 자본, 재능이라는 세 요소 사이에 사전에 결정된 특정 비율로 분배된다."[9] 밀이 소개하는 이 생산물 분배 방식에 등장하는 최소소득은 페인이 농업 사회를 위해 제안했던 그리고 푸리에와 샤를리에가 이어받아 주장했던 기본소득제와는 그 권리의 근거부터 다른, 19세기 중반의 산업 사회에 적용된 진일보한 제도다.[10]

1982년부터 석유 수입의 일부를 투자해 설치한 알래스카 영구기금(Alaska Permanent Fund)의 배당을 알래스카 모든 거주자에게 매년 지급해온 제도는, 페인, 푸리에, 샤를리에가 각기 이름은 다르지만 토지의 공동 소유주로서의 권리에 기초해 제안했던 기본소득과 같은 맥락에서 만들어진 제도라 하겠다.

1880년대 비스마르크(Otto von Bismarck)는 사회주의 위협으로부터 기존 질서를 지키기 위해 신생 독일제국에 사회보장 제도를

---

9   Mill, 1965, *BookII*, Ch. I, §4, p. 214.
10   이와 관련해 최소소득 보장으로 기대하는 효과는 2장에서 다룰 것이다.

도입했다. 정부가 보장하는 완전고용과 사회 안전망, 즉 실업 급여, 의료복지 서비스, 공교육, 노령 연금을 근간으로 하는 이 복지 체제는 보험 원리에 기초한 제도로, 19세기까지의 개혁 사상가들이 추구한 권리로서의 기본소득과는 완전히 다른 접근이었다. 그 이후 한 세기 동안 서구 선진국들은 새로운 복지국가 체제 구축에 여념이 없었다.

20세기 전반기, 다양해진 기본소득 논리

복지국가 체제가 확장되는 국면이던 20세기 전반기에는 기본소득 논의가 대중의 관심을 끌지 못한 채, 정책 논쟁의 주변부에서 지식인들 사이에서나 간헐적으로 거론되는 상황이었다. 특히 1차 세계대전이 끝나고 2차 세계대전이 일어나기 전인 1919년에서 1939년까지, 즉 전간기(戰間期) 경제학계에서 뜨겁게 벌어졌던 사회주의 논쟁의 결말은 당시 사회주의 사회 실현에 대한 기대가 얼마나 높았는지를 잘 보여준다. 이 같은 배경에서 유토피안 좌파 지식인들의 조건 없는 기본소득 제안이 영국에서 무척 활발히 전개되었다.

그 시작은 자유의 가치를 가장 존중하는 무정부주의와 근로 동기에서 장점을 보이는 사회주의를 결합하는 새로운 사회 시스템을 모색하던 러셀(Bertrand Russell) 경이 1918년《자유에의 길》에서 제안한 최소소득 보장이었다.

"우리가 주장하는 계획은 본질적으로 일을 하거나 하지 않거나, 필수품을 마련하기에 충분한 약간의 적은 소득을 모두에게 보장하고, 상품 총생산량의 나머지 보다 큰 부분은 공동체가 유용하다고 인정하는 일을 하려는 사람들에게 주자는 것이었다."[11]

이보다는 덜 이상주의적인 〈국가 보너스를 위한 계획〉(Scheme for a State Bonus, 1918)을 퀘이커 교도이자 노동당원인 데니스 밀너(Dennis Milner)가 제안했다. 이 계획의 결정판인《국민산출에 대한 보너스에 따른 생산 증가》(Higher Production by a Bonus on National Output, 1920)라는 제목에 드러나듯 밀너의 국가 보너스를

---

11   Russell, 1918, (Kindle Ed. Location 1220~34/2271).

정당화하는 기본 논리는 생산 증가다. 이 책은 실업의 덫, 노동 시장 유연성, 낮은 수급 비율, 이윤공유제 등 향후 기본소득 논의에서 주요 쟁점으로 등장할 대부분을 이미 논하고 있다.

최근 고조되고 있는 기본소득에 대한 관심이 인공지능이나 로봇 같은 기술혁신이 야기할 대량 실업 우려 때문이라면, 100년 전 비슷한 생각을 하던 '메이저' 더글라스(Clifford H. Douglas)가 제시한 처방에도 국가배당(National dividend)이라는 수단이 들어 있다. 하지만 그가 진단한 문제의 원인과 제시한 처방은 매우 독특했다. 기술혁신으로 얻은 높은 생산성이 벌려놓은 총산출과, 생산과정에서 분배된 소득 차이를 문제로 인식한 점은 케인스와 같다. 그러나 그 차이를 만든 보다 근원적인 이유를 통화 체제에서 찾았다.

그가 제시한 해법은 은행 제도를 통해 창출되는 신용화폐의 사회화다. 그는 이를 저서 제목이기도 한《사회신용》(Social Credit, 1924)이라는, 많은 사람들이 혼란스러워하는 용어로 표현했다. 상업은행이 아니라 국가기관에 의해 창출된 신용화폐를 국민에게 배분하는 사회화 메커니즘이 '국가배당'이다. 그의 사회신용 구상이 영국에서는 큰 호응을 얻지 못했지만, 캐나다에서는 많은 지지층을 확보해 1935년부터 1971년까지 한동안 사회신용당(SCP)이 앨버타 주의 집권당이 되어 이를 주 차원에서 도입하려 했지만 연방 헌법에 막혀 실패했다.

사회신용당이 캐나다 앨버타 주 집권당이 될 무렵 영국의 옥스퍼드, 케임브리지, 런던 정치경제 대학 경제학자들의 토론과 팸플릿에서 사회배당이라는 용어가 등장하기 시작했다. 기본소득 구상이 비옥한 토양에 씨를 뿌리는 듯한 의미심장한 상황이 전개되었다. 경제학에서의 학문적 업적보다는 영국 사회주의 운동 내 영향력으로 더 유명한 자유주의적 사회주의자 콜(George D. H. Cole)[12]은 일찍이 마르크스 사회주의의 대안으로 '길드사회주의' 구상을 제시했다. 그가 1935년 도입한 '사회배당' 개념은 페인 이래 19세기 사회주의 운동에서 구체화되던 권리로서의 기본소득의 20세기 버전으로 볼 수도 있다.

---

12   1944년 최초의 옥스퍼드대학 사회정치 이론 치첼레(Chichele) 석좌교수가 되었다. 그의 후임이 벌린(Isaiah Berlin)이다.

"현재의 생산력은 사실상 현재의 노력과 발전 단계에서 일체화된 창의력과 기능 그리고 생산기술에서 이룬 교육과 같은 사회적 유산의 공동의 결과물이다. 모든 시민은 이 공동 유산의 산물을 공유해야 하고, 그 배분 뒤 남은 생산물만을 현재 생산 서비스에 대한 보상과 유인책으로 분배하는 것이 내게는 늘 옳아보였다."

그의 주장은 밀이 소개한 푸리에주의자 공동체의 분배 규칙과도 같다.

그러나 이즈음 여러 경제학자들이 사용하던 '사회배당'이라는 용어의 정의가 하나로 일치하지는 않았다. '시장사회주의' 논의에서 런던 정치경제 대학의 랑게(Oskar Lange)는 사회배당을 "사회가 소유한 자본과 자원으로부터 나오는 소득에 대한 개인의 몫"[13]으로 정의했다. 현재 생산에서의 기여와는 독립적으로 생각했던 콜의 사회배당과는 달리, 집단적으로 소유한 자본에 대한 보상으로 간주한 것이다. 한때 메이저 더글라스에 심취해 그의 제자

---

13   Lange, 1936.

를 자처했던 그리고 뒷날 노벨경제학상을 수상하는 미드(James Meade)도, 사회배당 구상을 실업이라는 명청하고 비효율적인 사회악을 해결할 중요 정책 수단이라고 그의 초기 저작에서 주장했다. 전후에는 잘못된 방식으로 국유화한 산업을 다시 '거꾸로 국유화(topsy-turvy nationalization)'해 그 이윤을 사회배당의 재원으로 사용하자고 제안하기도 했다. 정부가 국유화 기업에 대한 통제권은 갖되, 이윤의 자유 이용권이 제한된 기존 국유화 방식을 그와는 반대로 정부의 기업 통제권을 박탈함으로써 경영 간섭을 배제해 노동 시장의 유연성을 부여하고, 대신 이윤 처분권을 사회배당 재원으로 쓰자는 내용이다.

영국의 정책 논의에서 '음소득세'라는 용어를 처음 사용했다는 자유주의자 리스 - 윌리암스(Juliet Rhys-Williams)는 1942년《무언가를 기대하며》(Something to Look Forward to)라는 팸플릿에서 기본소득 논의에 관한 새로운 관점을 담은 '새 사회계약'을 제시했다.[14] 그 핵심은 "우리의 민주주의 헌법의 틀 안에서 현재의 산

---

14   Jones, 1942.

업 조직, 금융 그리고 정부 기구를 파괴하거나 크게 바꾸지 않으면서" 영국의 보통 사람들에게 '안전과 알찬 가정생활(security and a fuller home life)'을 제공하고자 근로 조건부 보조금을 지급하자는 제안이다. 그는 1944년 음소득세 구상을 담은 소득세 개혁안도 만들었고, 해당 안은 자유당의 정책으로 채택되었다. 그가 음소득세를 주장하는 근거는 그 단순함과 투명성 그리고 복지 사각지대를 줄이는 효율적 대책이라는 관점에서다. 1950년에는 소득세와 사회 안전망을 통합하는 새로운 안을 만들어 정부(Royal Commission on Taxation of Profits and Income)에 제출하기도 했다.[15] 앞서 언급한 바와 같이 독일 복지 제도가 보험 원리에 기초했듯이, 1942년 베버리지 보고서(Beveridge Report)를 제출하면서 도입된 영국의 새 복지 체계도 보험 원리에 기초했기 때문에 기본소득 구상은 그 이후 정책 논의에서 힘을 잃었다.

---

15 Forget, Evelyn L., "Advocating negative income taxes: Juliet Rhys-Williams and Milton Friedman".

20세기 후반기 : 복지국가의 한계와 기본소득 논의의 재점화

제2차 세계대전 종전 후 세계의 새로운 중심이 된 미국에서 1960년 대는 시민권 운동의 절정기였다. 그리고 경제학 분야에서는 시카고 자유주의 경제학이 개입주의적 케인지언을 몰아낼 이론적인 무장을 완료한 시기다. 이러한 배경 아래, 향후 기본소득 논의에 지속적이고 중대한 영향을 미칠 두 사건이 일어났다.

첫째는 시카고 대학의 자유주의 경제학자 프리드먼(Milton Friedman, 1976년 노벨경제학상 수상)이 저서 《자본주의와 자유》 (Capitalism and Freedom 1962)의 마지막 장에서 빈곤 완화 대책으로 '음소득세'를 제안한 것이다. 지금까지 이어진 논의를 따라온 독자에게는 이를 '사건'으로 부른다는 게 어색하게 느껴질 것이다. 20세기만 해도 러셀, 밀너, 더글라스, 콜, 미드 등이 기본소득 보장을 제안했고, 음소득세 안도 라이즈 – 윌리엄스가 이미 제안했던 것이 아닌가? 하지만 또 하나의 사건인 이유는 그것이 불러일으킨 반향 때문이다(이에 대한 보다 자세한 논의는 다음 장에 이어진다).

두 번째 사건은 '보편적 시민권 확립'과 '빈곤과의 전쟁'을 골자로 하는 존슨(Lyndon B. Johnson) 행정부의 '위대한 사회(Great Society)

정책 시리즈 선언에 이은 실천이다. 이것이 기본소득 논의와 운동에 영향을 미치는 방법은 서로 매우 다른 두 경로를 통해서다.

첫째 경로는 차별받는 소수(특히 흑인)에 대한 사회적 관심이 고조되면서 그 차별이 낳은 중요한 결과인 빈곤 해결을 모색하는 과정에서 미국 좌파 학자들이 제안한 기본소득 구상(예를 들어 토빈(James Tobin)의 기본 수당(basic allowance), 뒷날 demogrant로 불림) 제안이 프리드먼의 음소득세와 맞닿아 발생한 폭발적인 영향력이다.

둘째는 역설적 경로다. 프리드먼이 1962년에 음소득세를 제안하면서 기존 복지 제도의 복잡성과 비효율을 그 이유로 들었고, 토빈도 마찬가지였다. 그런데 빈곤과의 전쟁으로 기존 복지 제도는 더욱 확대되어 수혜 범위와 평균 보조금이 늘어났을 뿐 아니라 수많은 새로운 복지 프로그램이 도입되었다. 때문에 얼마 지나지 않아 복지 제도 개혁을 주장하는 비판 여론이 확산되는 근거를 제공한 셈이 되었고, 기본소득 운동도 이 개혁 운동에 편승해 세를 얻게 된다. 매우 역설적인 결과라 아니 할 수 없다. 1970년대 들어 프리드먼의 음소득세 안은 닉슨 행정부에서 '가족지원계획(Family Assistance Plan)'으로, 토빈의 데모그랜트 안은 민주당 대통령 후보 맥거번(George McGovern)의 선거 공약으로 채택되어 현실화될 뻔했으나 모두 실패로 끝났다.

1980년대 유럽 복지국가 개혁과 기본소득 유럽 네트워크의 탄생

1980년대 유럽 사회민주주의가 후퇴하고 동구권 사회주의가 몰락하면서 기본소득 논의에 새로운 활력을 불어넣는 계기가 되었다. 전후 미국에서 벌어졌던 기본소득 논의와 그 이전에 있던 모든 논의와는 근본적으로 차이가 있다. 전자가 기존 복지 제도 개혁을 위한 대안으로 만들어졌다면, 후자는 각기 다른 목적, 즉 개인의 자유 보장, 생산 증가, 기술혁신이 몰고 올 대량실업의 대책 등을 달성하기 위한 수단으로 제안된 것이었다. 한마디로 1960년대의 음소득세는 서구 선진국의 복지국가 체제에 대한 문제점을 지적하고 촉구한 대안들인데 1970년대 개혁에 실패하면서, 영국과 미국에서 각각 대처와 레이건이 등장하고 유럽 대륙에서는 사회민주주의가 후퇴한다. 그 상황은 국민들이 선거를 통해 재차 개혁을 촉구한 것이라 해석할 수 있다. 이 같은 흐름을 배경으로 북유럽 각국에서 일부 지식인이 보인 기본소득에 대한 관심도 기존 복지 제도의 개혁을 전제로 한 것이었다. 덴마크, 네덜란드, 영국, 독일 등 북유럽 여러 나라에서 기본소득이 소수 사람들 사이에서 각기 독립적으로 에너지를 축적해오던 기본소득 논의가 탄력을 받게 된 것은 우연이었다. 1983년 가을 벨기에 루뱅 가톨릭대학의 인구학, 경제학, 철학 등 각기 다른 전공의 연구자 셋이 기본소득에 관한 공동 연구를 시작했다. 이후 그 결실을 '샤를푸리에그룹'이라는 필명으로 1985년 월간 〈라 레뷰누벨〉(La Revue nouvelle) 4월호에 특집으로 실었다. 동시에 그 요약본으로 '보두앵왕재단'(King Baudouin Foundation)이 실시한 〈일의 미래〉에 대한 논문공모에 응모해 수상하며 기대하지 않았던 상금을 받는다. 그들은 기본소득에 관심을 가진 이들의 모임을 조직하기로 하고 이를 준비하는 과정에서 수많은 다른 연구자들의 존재를 알게 된다.[16] 그 뒤 연대를 모색하면서 1986년 기본소득 유럽네트워크(BIEN, Basic Income Europe Network)이 결성되고, 2004년에는 기본소득 지구네트워크(BIEN, Basic Income Earth Network)로 확대되었다.

---

16   A Short History of BIEN
      (http://basicincome.org/about-bien/#history)

II.
21세기를 위한 기본소득 제도 논의

제4차 산업혁명 시대를 위한
새로운 사회계약인가?

●

기본소득제를 도입해야 하는 이유

❶ 기본소득제가 필요한 세상이 다가온다

공장을 지으면 바로 일자리가 발생하던 시대는 이미 지나가고 있다. 2011년 '인더스트리 4.0' 비전을 내놓아 제조업의 혁신을 이끌고 있는 독일에서는 '스마트 공장' 붐이 일었다. 급기야는 운동화 생산처럼 자동화가 쉽지 않아 보이던 분야로까지 스마트 공장이 확대되고 있다. 한두 달 뒤면 연간 50만 켤레의 운동화를 생산할, 아디다스의 'Speedfactory'로 불리는 안스바크(Ansbach) 공장은 제조업과 일자리의 미래를 보여준다. 아시아 지역에서 가동 중인 이러한 규모의 공장들은 천여 명 이상을 고용하고 있지만 스피드 공장은 160개의 일자리만을 창출한다.

고소득 국가에서 일자리 비중을 살펴보면 서비스업이 제조업 보다 훨씬 중요하다. 우리 언론에서도 많이 소개되었듯이, 컴퓨터로 대체될 가능성이 높은 직업군과 그 확률을 추정한 2013년 논문에서 옥스퍼드 대학 마틴스쿨(Martin School)의 테크놀로지와 고용 프로그램의 두 전문가 프레이와 오스본(Frey and Osborne)은, 47%의 직업군을 20년 이내에 자동화될 수 있는 고위험 군으로 분류했다. 그중 상당수가 서비스 업종이다. IBM의 왓슨처럼 빅데이터와 인공지능으로 무장한 컴퓨터들이 의사, 변호사, 회계사 등과 같은 선망의 대상이던 전문직 일자리까지 넘보는 세상이 온 것이다. 그렇다고 해서 사라지는 일자리를 대신할 다른 일자리가 어디서 생길지에 대해서는 아직 그 누구도 장담하지 못하는 실정이다. 현재 진행되는 변화의 속도와 폭이 과거 산업혁명 때의 경험을 무용지물로 만들고 있기 때문이다. 게다가 미국 노스웨스턴 대 고든(Robert Gordon)교수 같은 일부 전문가들은 "진짜 큰 혁신은 아직 오지 않았다"며 기술혁신의 가속화를 시사한다. 그렇다면 한 가지만은 확실하다. 앞으로 2~30년 동안 전체 인구에서 일하는 사람의 비중이 계속 줄어들 것이라는 사실 말이다. 만일 인류가 빠른 기술 변화에 적응하면서, 때로는 인공지능의 도움을 받아 창조성을 발휘해 새로운 일자리를 만들어낸다 해도 그 일자리의 주인이 되려면 재교육은 필수다. 완전히 새로운 배움에 전념할 수 있는 환경 조성이 절실해질 것이다. 보다 확실한 사회안전망이 필요하다는 의미다.

❷ 이미 하고 있는 것들을 더 잘하자

현행 사회보장 제도는 완전 고용을 전제로 고안되었다. 노동 시장도 경쟁 시장의 원리에 따라, 유연한 수요와 공급의 상호 작용이 만들어내는 균형 임금과 고용 수준에서라면 일하고자 하는 사람 모두 일자리를 찾을 수 있다는 것이었다. 실업 보험은 경기 순환 과정에서 일시적으로 발생하는 불균형에 대비하자는 방안이었다. 그러나 이 전제가 무너지고 있다. 그 징후는 많은 고소득 국가에서 나타나고 있다. 대부분의 유럽 국가에서는 두 자리 수의 실업률이 경기 하강기의 일시적 현상이 아니라 일상이 된 지 오래다. 새로운 환경에 걸맞은 새로운 사회보장 시스템을 고안해야 할 시점이 온 것이다.

현행 복지 체제의 기본 전제는 국민 복지에 쓸 자원은 희소하고, 정부는 희소한 자원을 효율적으로 배분할 수 있다는 점이었다. 이제 이러한 두 가정은 더는 유효하지 않다. 미국 정부는 매년 2조 달러가 넘는 재정을 노후 보장, 건강 관리 그리고 빈곤 완화를 위해 소득 재분배 이전 프로그램으로 지출하고 있지만, 빈곤층 수는 줄지 않고 있다. 계산이 맞지 않는다. 재원이 어디론가 새고 있다는 말이다. 그래서 복잡한 복지 제도를 단순화하고 관료들의 재량권과 개입을 축소하자는 것이다. 해결책은 그 돈을 각자 알아서 관리하도록 사람들에게 돌려주는 것이다. 바로 기본소득 제도다.[17]

기본소득 제도는 현행 복지 제도의 문제로 지적되어온 '복지

---

17 Murray, 2016.

사각지대'와 '빈곤함정(poverty trap)'을 원천 봉쇄하는 제도다. 기존 소득 이전 프로그램의 복잡성으로 인해 발생한 비효율 중 하나가 '송파 세 모녀 자살 사건'으로 알려진 복지 사각지대 문제다. 또 일정 수준을 넘는 소득을 벌게 되면 복지 수당 수급 자격을 박탈하는 제도는, 수급자들에게 일정 시간 이상 일하지 않을 강한 유인을 제공한다. 복지 제도 수혜자들을 '빈곤함정'으로 이끄는, '근로 유인(work incentive)을 낮추는(work disincentive)' 요인을 완전히 제거하는 제도라는 말이다.

❸ 개인의 자유와 독립성을 신장하고 노동의 의미 전환

푸리에주의 산업 공동체에서는 맨 먼저 모든 구성원에게 최소생계를 위해 생산물을 분배하고자 한 이유가 무엇인지, 그러면서 무엇을 기대했는지 J. S. 밀의 설명을 보자.

첫째, 사람이 그저 먹고살기 위해 하는 일은 아무리 힘들게 하더라도, 이미 생계가 보장된 사람들이 기꺼이 열정으로 하는 일의 강도를 넘어서지 못한다는 사실을 인정한다면, 가장 먼저 생계를 보장해주는 것이 당연하다. 둘째, 최소 생계가 보장된 사람에게는 하기 싫은 일은 굳이 하지 않아도 되는 자유가 생긴다.

그런데 하던 일을 그만둘 자유가 있는지 그 여부는, 같은 일을 고통스러운 일로도 또는 기꺼이 하는 일로도 만들 수 있다는 것이다.

예를 들어보자. 지금 살고 있는 집에 1년 내내 살면서도 이사가고 싶다는 생각을 해보지 않은 사람도 많을 것이다. 그런데 만일 그 똑같은 집에 정부 당국의 명령에 따라 사는 것이라면, 감옥처럼 느껴져 더욱 견디기 어려워진다는 것이다. 모두에게 기대할 수 있는 효과는 아니겠지만, 인간 본성에 비추어볼 때 일부 빈곤층에게는 적용할 수 있는 효과로 보인다.

❹ 사회적 약자의 권리를 신장하는 간접 효과 기대

경제적 약자이기 때문에 불이익을 감수하면서 참을 수밖에 없는 사람들의 권리 보호에도 기여할 수 있다는 주장이다. 노동자들에게는 기본소득이 임금이나 근로 조건 협상에서 협상력을 높이고, 경제적 의존성 때문에 가정 폭력에 시달리면서도 참고 사는 여성들에게는 또 다른 선택을 할 수 있는 기회를 제공한다.

우려되는 문제들 : 문제 제기와 반론

❶ 모두에게 기본소득을?

왜 부자에게도 기본소득을 주느냐는 질문에는, 부자에게 지급되는 기본소득이 소득 재분배에 역행하는 것이 아니냐는 의구심이 깔려 있다. 이 같은 우려는 기우다. 아래에서 몇몇 사례를 통해 확인하겠지만, 어떠한 형태의 기본소득제에서라도 소득 재분배 효과는 상당하다. 기본소득제 도입으로 늘어나는 재정 부담은 결국 부자들 몫이기 때문이다. 부자들이 새로 받게 되는 기본소득보다 증세로 늘어나는 부자들의 세 부담이 더 크다는 말이다. 현재의 복지 재정만을 기본소득제의 재원으로 사용하는, 증세 없는 기본소득제로 고안된 미국의 머리(Murray) 안에서도, 그들이 받을 기본소득은 포기해야 하는 공적연금에 대한 부분적인 보상일 뿐이다. 다시 말하면 더 많은 것을 포기하는 대가라는 뜻이다.

부자에게도 기본소득을 주는 것은 실은 소득(또는 재산) 심사를 없앤 결과다. 복지 급여 수혜 조건으로 사용되어온 이 심사를 폐지하는 것은, 복잡한 복지 제도를 단순화하는 개혁의 중요 부분이다. 복지 행정 수요가 대폭 감소해 관료제 축소가 가능해진다. 또 부자에게 기본소득을 준다면 다른 한편으로는 가난한 복지 급여 수급자들이 낙인 효과(Hawthorne Effect or social stigma)에서 해방된다. 복지 급여 수혜 자격 심사 과정에서 느끼게 되는 굴욕감은 엄청난 스트레스다. 심사 자체가 사라지고 부자를 포함한 누구나 받는 기본소득을 받으며 당당해질 수 있다. 또 다른 효과는 현행 복지 제도 하에서 관찰되는 근로 역유인(work disincentive)을 없애는 것이다. 복지 급여 수급 자격을 잃을까 걱정할 이유가 사라졌기 때문에, 소득이 늘어나는 돈벌이에 보다 적극적이 될 수 있다.

❷ 왜 일하지 않는 사람들에게 기본소득을?

왜 일하지 않는 사람들에게까지 기본소득을 주느냐 하는 문제 제기는, 소득이 노동의 대가라는, 넓게는 생산 활동에 기여하는 무엇인가에 대한 대가라는 경제관이 반영된 것이다. 모어의 《유토피아》이후 만들어진 '구빈법'에서 오늘의 복지 제도에 이르기까지 공공부조와 일을 연계해온 것도 사실이다. 노동을 기도 다음으로 중요한 신자의 의무로 생각했던 중세 기독교 노동 윤리관의 영향이다. 비슷한 시기 불교 노동윤리관도 다르지 않았다. 중국 당나라의 선승 백장회해(百丈懷海; 749~814) 선사가 선종 사찰의 규율로 만든 백장청규(百丈淸規) 중 가장 잘 알려진 "일하지 않으면 먹지도 말라(一日不作 一日不食)"라는 말에도 잘 드러나 있다.

그런데도 기본소득을 주장하는 두 가지 이유가 있다. 첫째는 공화주의 관점의 기본권 논리다. 민주주의에서 정치적 기본권인 참정권을 아무 조건 없이 모두가 갖듯이, 그보다 더 중요한 생존권을 보장하는 수단인 생계유지를 위한 기본소득에 대한 권리를 모두가 갖는다는 입장이다. 둘째는 모어가 공공질서를 유지하려면 최소소득 보장이 엄벌보다 나은 방법이라고 주장했듯이, 효율성 차원의 정당화 논리다. 일 조건부 복지 제도를 운영하는 사회적 비용에 비해 조건을 철폐해 얻는 사회적 편익이 더 크다고 판단한 것이다. 사회적 편익은 앞서 이미 언급한 소득과 재산 심사를 폐지해 얻게 되는 관료제 축소, 낙인 효과 소멸, 근로 유인 신장 등 세 가지다.

❸ 공짜에 길들면 사회가 병든다?

'아무 조건 없이 모두에게' 주는 기본소득에 대한 문제 제기는 그저 부자에게 또는 일하지 않는 베짱이에게 기본소득을 준다는 데 그치지 않는다. 부자는 아니지만 근면하고 모범적인 삶을 살아가는 많은 사람들을 게으르게 만들고 타락시키지 않을까 하는 우려도 포함한다. 현재 일하는 사람들의 근로 유인에 미치는 영향에 대한 우려다. 과연 그럴까? 장기간의 실험이 아니고는 그 누구도 결과를 단언할 수 없는 질문이다.

기본소득을 받을 성인을 현재 복지 수당 수급자와 비수급자 그리고 장기적으로 더욱 중요해질 노동 시장 신규 진입자, 이렇게 세 그룹으로 나누어보자. 첫 번째 그룹인 현 복지 수당 수급자는 앞서 보았듯 노동 공급을 늘릴 것이다. 앞서 언급한 머리는 다음에 소개할 완전한 기본소득제를 고안하면서, 세 번째 그룹인 노동 시장에 신규 진입하는 젊은이들이 일을 습득도 하기 전 기본소득에 안주하는 위험을 방지하는 안전장치를 마련했다. 청년들의 근로 유인 문제를 이 안전장치에 맡긴다면, 남은 과제는 현재 복지 제도에 의존하지 않는 사람 가운데 얼마나 많은 베짱이가 나올지라는 여부다. 그 문제가 관건이다. 이를 가늠해볼 수 있는 간접적 방법이, 연금 수급 자격이 생긴 사람들의 은퇴 시기 결정 요인이다. 하고 있는 일에 대한 만족도와 건강이 아닐까 생각한다. 일이란 소득만을 위한 것이 아니기 때문에 연금 수급자 중 다수가 계속 일하기를 원한다. 문제는 근면한 사람들이 베짱이가 된다는 우려가 아니라 일자리가 없다는 것이다.

❹ 기본소득제가 아니라 일자리 만드는 데 세금을 써야 한다고?

일의 의미는 의식주를 위한 수입원만은 아니다. 일이란 인간의 삶을 조직하는 중심이자 때로는 삶의 목적이 되기도 한다. 따라서 일자리 창출이 기본소득 보장보다 더 중요하다며 기본소득제 도입에 반대하는 목소리도 많다. 이에 대해 일 또는 직업의 중요성이 과대평가되어 있다고 반론할 수 있다. 이는 산업혁명 이후의 현상이고 인류 전체 역사에서 보면 최근의, 매우 짧은 기간 동안의 경험일 뿐이라는 주장이다. 더욱이 4차 산업혁명 이후에는 더는 일과 직업 중심인 산업 시대와 같은 삶은 아닐 것이라는 전망이다. 따라서 일단 안전망을 만들어주면 삶의 의미는 각자 찾을 것이고, 그 과정에서 일자리를 만들 창의적 구상도 함께 나오리라 기대하자는 것이다.

❺ 개인에게 지급하는 방식이 가족 해체를 가속화한다?

가구를 기본 단위로 하는 기존 복지 제도의 방식과는 달리 기본소득제에서는 개인을 기본 단위로 삼는다. 현행 제도를 복잡하게 만드는 원인 중 하나를 단순화하는 방법이다. 그러나 이 때문에 가족 간 의존관계가 약화되어 가족 해체를 부추길 우려가 있다는 지적도 있다. 그렇지 않아도 서구 선진국에서 이미 빠른 속도로 진행되고 있고, 중간소득 국가들도 그 뒤를 밟아가는 가족 해체와 출산율 감소는 매우 우려되는 현상이다.

❻ 재정 부담의 감당 여부와 지속가능성은?

보다 구체적인 기본소득제 안을 놓고 하는 질문이 아니라 일반적인 차원에서 기본소득제에 대해 하는 질문이라면, 답은 "그럴 수도 있고 아닐 수도 있다"이다. 이제 구상 단계인 제도에서 현실 정책 대안으로서의 제도로 그 논의를 구체화할 단계에 이르렀다.

구상에서 정책으로

•

기본소득 제도에 대한 일반적 수준의 찬반 논의는 정책 선택을 위한 논의로는 유용하지 못하다. 첫째는 제도 도입의 효과가 그 나라의 정치적 경제적 제약과 역사적 유산으로 지닌 기존 복지 제도(Bismarckian이냐 Beveridgean이냐)에 따라 다를 수밖에 없기 때문이며, 둘째로는 어떤 기본소득 모델을 선택했느냐에 따라 결과가 크게 달라질 수 있기 때문이다. 따라서 기본소득제를 현행 사회보장 시스템의 대안으로 또는 개혁안으로 구체화해 정책 제안을 하고자 한다면, 최소한 아래 세 가지 유형의 기본소득 제도에 대해 재원 조달 방법과 정치적 실현 가능성 등을 포함해 분석하고, 이를 바탕으로 한 신중한 검토가 선행되어야 할 것이다.

완전기본소득제 Full Basic Income

완전기본소득제는 현행 사회보장 제도하의 소득 이전 프로그램 대부분을 대체하는 기본소득제 정의에 충실한 제도로 이해하면 된다. 실제 시행은 고사하고 아직 소규모 실험도 해본 적 없는, 제안서상에만 존재하는 제도다. 그러나 완전기본소득제로 분류되는 널리 알려진 제안들에서조차 현행 사회보장 대체 수준이나 재원 조달 면에서 큰 차이를 보인다.

　세 사례를 비교해보자. 가장 급진적인, 미국을 위한 머리 안, 바르셀로나 대학교수들이 제안한 스페인을 위한 안, 그리고 핀란드에서 기본소득제 실험 모형을 결정하기 위해 수행한 연구에서 비교 대상으로 사용한 핀란드를 위한 안이다.

　머리의 계획은 2006년에 출판된《우리들 손 안에》(In Our Hands)로 처음 발표된 안이다. 그 후 2008년 경제 위기(Great Recession),

대선 국면에서 확연히 드러난 이념의 양극화 문제, 앞당겨진 4차 산업혁명 등의 여건 변화로 계획이 실현될 정치적 가능성이 높아지자, 10년 만에 자료를 갱신하고 설명이 바뀐 개정판을 내놓았다. 그의 계획은 중요한 전제 조건을 달고 있다. '복지국가를 대체할 계획(A Plan to Replace the Welfare State)'이라는 책의 부제가 그것이다. 기존의 모든 소득 이전 프로그램과 그것을 관리하는 관료 시스템까지 완전기본소득제[18]가 대체해야 한다는 주장이다. 계획 자체는 아주 단순하다. A)정부는 21세 이상의 모든 미국 시민에게 연 1만 3,000달러의 수당을 매월 각자의 은행 계좌에 입금한다.[19] B)이중 3,000달러는 의료보험 가입에 사용해야 한다.[20] C) 3만 달러 이상 버는 사람들에 지급되는 수당에는 10%에서

---

18   머리는 책에서 완전기본소득제가 아니라 보편적기본소득제(Universal Basic Income ; UBI)라는 용어를 사용한다.

19   모든 자료가 2014년 기준인 머리의 안에서 기본 수당 1만 3,000달러는 중위 개인 소득의 절반이자 1인 가구의 면세점 소득 1만 350달러의 1.26배이다. 프리드먼의 음소득세 안에서 보장소득이 면세점 소득의 2분의 1이고, 토빈의 안에서는 0.54배임을 감안할 때, 상당히 높게 책정되었음을 알 수 있다. 현행 소득세법 기준으로 보면, 머리의 안이 시행될 경우 모든 성인은 소득세를 납부해야 할 수준의 처분가능 소득을 보장받는 셈이다.

20   책의 3장에는 의료보험 제도 개혁안도 제시되어 있다.

50%까지의 특별부과세(surtax)를 부과한다. 3만 달러까지의 벌어들인 소득은 한 푼의 수당 손실 없이 처분가능 소득이 되며, 6만 달러 이상 버는 사람들은 50%의 특별부과세를 내고 나면 6,500 달러의 수당만을 받는 셈이다. 이 계획이 진작 시행되었더라면 2014년도 기본 수당 지급 총액은 2.58조 달러, 완전기본소득제 시행으로 중단되었을 이전 프로그램들의 2014년도 실제 지출 총액은 2.77조 달러였을 것이다(자세한 내용은 해당 책의 부록 A와 B 참조). 이미 완전기본소득제는 재정적으로 실현 가능한 제도라는 말이다. 뿐만 아니라 2020년에는 이 제도 도입을 통해 절약할 수 있는 재정 지출이 1조 달러에 가까울 것이라 추정했다.

두 번째, 스페인 안은 〈스페인을 위한 기본소득의 재정 모형: 가능하며 합리적〉[21]이라는 제목의 2014년 논문에 들어 있다. 2010년 스페인 국세청 개인소득세 신고 자료[22]와 기타 통계 자

---

21   Arcarons et al., 2014. 이 논문에서의 기본소득제는 완전기본소득제를 지칭한다.
22   2,200만 명의 개인소득세 신고에 포함된 부양가족을 합친 인구수는 3,400만이고, 신고하지 않은(주로 신고 의무가 없는 저소득층) 인구는 900만 명을 조금 상회한다. 연구에 사용한 신고자 표본은 약 200만 명이다.

료를 기초로 해서, 자신들이 제시한 기본소득 계획의 재정 수요를 충당하기 위해 필요한 소득세제 개혁안에서 단일세율을 계산하고, 그 소득 재분배 효과를 추정한 주요 결과를 요약한 것이다. 기본소득 제안 내용은 A)정부는 모든 18세 이상 스페인 시민과 공인 거주자들에게 OECD 기준의 스페인 빈곤선 소득인 연 7,500유로의 수당을 매월 지급한다. B)기본 수당은 개인소득세 과세 대상이 아니다. C)기본 수당은 그보다 적은 모든 복지 급여를 대체한다. D)기본 수당이 현재 받는 복지 급여보다 적을 경우 그 차이는 보충되어야 한다. E)완전기본소득제가 교육, 건강 등의 다른 공적 지출에 영향을 미치면 안 된다는 것이다. 또 재원 조달을 위한 개인소득세 제도 개혁의 전제는 A)완전기본소득제로 인한 재정 적자가 발생하지 않아야 한다. B)분배 효과는 매우 누진적이어야 한다. C)중위소득 이하의 사람들은 현재보다 더 높은 처분가능 소득을 가져야 한다. D)개혁 이후 실효세율은 그리 높지 않아야 하며, 개인소득 세제 개혁의 주요 내용은 A)모든 소득은 단일 계정에 통합된다. 즉, 근로 소득과 자본 소득의 구분을 없앤다. B)모든 소득공제와 세액공제를 철폐한다. C)단일세율(flat rate)을 적용한다.

개인소득세 신고자 표본 2백만 명의 자료에 기초해 모의 추정한 결과는, 첫째, 재정 적자가 발생하지 않으려면 개혁 세제하의 단일세율이 49% 이상이어야 한다. 둘째, 비과세되는 기본 수당 7,500유로가 단일세율 49%와 결합하면 매우 누진적인 세율이 되어, 세제 개혁의 두 번째 전제를 충족한다. 이는 기본 수당이 총소득에서 차지하는 비중이 매우 큰 빈곤층에게는 실효세율(내지 않고 받기 때문에 마이너스)과 명목세율(49%) 간의 괴리가 큰 반면, 기본 수당이 총소득에서 차지하는 비중이 미미한 고소득층에게는 실효세율과 명목세율이 거의 같기 때문이다. 예를 들어 연간 100만 유로를 버는 고소득자의 실효세율은, 그가 내는 세금 49만 유로에서 그가 받는 기본 수당 7,500 유로를 뺀 48만 2,500유로를 총소득 1,00만 7,500유로로 나누어 100을 곱한 47.89%로, 명목세율 49%와 크게 다르지 않음을 알 수 있다.

세 번째로 핀란드판 완전기본소득제 안이 있다. 2017년 초 시행에 들어간 기본소득제의 실험 모형을 결정하기 위한 연구에서 비교 대상으로 사용된 안이다. 그 내용은, A)정부는 연금 수급자(노령과 장애 연금)를 제외한 모든 18세 이상 핀란드 시민과 영주권자에게 월 1,500유로(1,000유로 버전도 함께 사용)의 수당을 지급한다. B)기본 수당은 실질적으로 개인소득세(단일세율 60%와 79%의 두 버전 사용) 과세 대상이 아니다. C)기본 수당은 핀란드 사회 보험(Kela)이 지급하는 연금 등 다섯 종류의 이전 프로그램[23]을 제외한 다른 복지 급여들의 전부 또는 일부를 대체한다. 연구팀은 현행 복지 제도 하에서의 처분가능 소득 수준을 유지할 때, 대체되는 복지 프로그램들의 대체 정도와 소득 재분배 효과를 컴퓨터 시뮬레이션을 통해 계산했다. 기본소득이 높게 책정되었던 만큼 결과는 의도했던 대로, 대체하고자 했던 소득 이전 프로그램의 상당 부분이 기본소득으로 대체되었다.

그러나 사회 보험을 완전히 대체하기에는 역부족이었다. 소득에 연동된 보험 급여가 기본소득에 비해 훨씬 높기 때문이다. 소득 재분배 효과는 매우 컸다. 지니계수가 26.4에서 17.9(기본소득 1,500유로)와 21.7(기본소득 1,000유로)로 큰 폭으로 감소했다. 완전

---

23 핀란드 복지공단 지급 연금, 아동 급여와 수당, 장애 급여, 연금 수급자 주거 수당, 학생 주거비 보조금의 다섯 프로그램의 이전액은 현행 복지 제도하 이전 총액의 40%에 해당한다.

한 기본소득제는 큰 재정 부담 때문에 정치적 실현 가능성이 매우 낮을 뿐 아니라, 과학적으로 신뢰할 만한 수준의 결과를 얻을 수 있는 규모의 실험을 해보기에도 비용이 너무 크다는 것이 연구진의 최종 판단이다.

이상의 각각 서로 다른 완전한 기본소득제 설계안 모두가, 당초 의도했던 대로 모든 사회 구성원에게 일정 수준의 기본소득을 보장하고 관료제를 축소하며, 아울러 소득 분배의 불평등 해소 효과도 거둘 수 있음을 보여주었다.

그러나 몇몇 문제점과 우려도 공유한다. 비용 때문에 검증되지 못해 계속 문제로 남아 있는 근로 유인에 대한 우려, 매우 큰 재정 부담, 지역에 따라 주거 비용의 차이가 매우 크다는 문제 때문에 이 제도의 정치적 실현 가능성이 의심스럽다.

부분기본소득제 Partial Basic Income

부분기본소득제는 기존 소득 이전 프로그램의 일부만을 대체하면서 낮은 수준의 기본소득을 지급하는 제도다. 복지 제도 개혁을 향한 점진적인 접근으로 이해할 수 있다. 지금 핀란드에서 진행되고 있는 실험이, 부분기본소득제가 현행 복지 제도의 근로 유인 문제를 해소하는 방안이 될 수 있는지, 아울러 관료제 축소에 얼마나 도움이 될지 알아보려는 것이다. 전국 17만 5,000명의 25세에서 58세 사이 실업 급여 수급자 가운데 무작위로 선발된 2,000명에게, 아무 조건 없이 560유로를 매월 지급하는 실험이다. 표본 선택의 무작위성을 해치지 않기 위해, 선발된 사람은 의무적으로 실험에 참여해야 한다. 현행 복지 제도에서 실업 수당을 계속 받으려면 일자리를 계속 찾아야 하며, 일자리나 훈련 제안을 거부할 수 없으며, 임시직이나 시간제 일로 300유로 이상의 소득이 발생하면 근로 장려금 제도가 적용된다. 실험 대상자들은 이제 수당을 받기 위해 일자리를 계속 찾을 필요도 없고, 원치 않는 일자리나 훈련 제안을 거부할 수도 있으며, 무엇보다도 새 일자리를 얻어 소득이 발생해도 기본소득에는 영향이 없다. 실험 모형에서 기본소득 수급 연령과 기본소득 수준만이, 이 실험이 부분기본소득을 염두에 두었음을 알려준다.

음소득세 Negative Income Tax

1940년대에 리스–윌리암스 여사가 제안하고, 1960년대에 프리드먼이 널리 알린 '음소득세'와 기본소득제는 그 철학적 기초나 복지 급여의 지급 방식이 매우 다르다. 그러면서도 일정 수준의 기본소득을 보장하고 근로 유인을 높인다는 목적과 그 결과는 동일하다. 복지 수당을 음의 소득세로 볼 수 있다는 구상에서 출발해 사회보장제와 소득세제를 하나로 통합한 음소득세는, 제도의 단순함과 투명성 그리고 복지 사각지대를 줄이는 효율적 빈곤 정책으로 폭넓은 지지를 얻었다. 따라서 지금까지 기대 효과 검증을 위한 실제 실험(field experiment)이 그 어떤 제도보다도 많이 행해졌고, 그 취지를 부분적으로 반영한 제도들도 많다. 그러나 아직 음소득세라고 불릴 만큼 본래 구상에 충실한 제도로 시행된 적은 없다.

기존 소득 이전 프로그램에 대한 문제의식에서 출발한 프리드먼은 새 제도의 목적을 첫째, 빈곤의 완화, 즉 모든 가정에 최소한의 명백한 생계 수단을 제공하는 것. 둘째, 복지 제도의 단순화로 방대한 복지 관료 체계를 축소하는 것. 셋째, 세금을 낼 만큼 벌고자 하는 근로 동기를 유지하는 데 두었다. 기본소득제의 목적과 다르지 않다. 이런 목적에서 자연스럽게 도출된 제도 설계의 첫 번째 기준은 빈곤 완화라는 목적에 충실하게 가난을 돕는 데 맞춰진 프로그램이어야 한다는 것이다. 프로그램의 수혜 기준은 오직 가난이어야 한다. 다른 고려가 있어서는 안 된다. 직업, 연령 등등에 대한 고려는 차별일 뿐이다. 둘째, 프로그램은 시장을 왜곡하거나 방해하지 않는 방식으로 작동해야 한다. 최저임금제처럼, 비숙련 노동자를 노동 시장에서 몰아내는 방식은 지양해야 한다.

제도 설계라 할 것도 없이 단순한 프리드먼이 예시한 안은, 기존 소득세법의 적용 범위를 면세점 이하로 확대해 정해진 단일 세율(n)로 계산된 음소득세를 보조금으로 지급하는 것이다. 세금도 내지 않고 보조금도 받지 않는 기존의 면세점 소득을 Z, 실제 소득을 Y, 소득이 0인 사람이 받을 수 있는 최대 보조금, 즉 보장 소득을 G라 하면, (G/Z)=n이 음소득세율(또는 소득 보장비율)이다. 지급될 보조금(= 음소득세)은 N=n(Z−Y)이다. 프리드먼의 n은 50%였다. 예를 들어 n이 50%이고, 면세점 소득 Z가 일만 달러라면, 소득이 0인 사람이 받는 보장소득은 5천 달러이고, 소득이 8천 달러인 사람은 면세점 소득 1만 달러와 실제소득 8천 달러와의 차이 2천 달러의 50%인 1천 달러를 보조금으로 받는 제도이다.

프리드먼이 강조한 음소득세의 이점은 가난을 직접 다루며, 가장 유용한 도움인 현금으로 지급된다는 것과, 이로부터 파생되는 기준이 오직 가난이기에 보편적이고, 따라서 다른 현행 프로그램을 대체하기 쉽다는 점이다. 또한 기존 소득세 제도를 사용하기 때문에 복지 제도 운영 비용을 줄일 수 있고 비용을 알기도 쉽다. 시장 밖에서 운영되어 시장을 왜곡하지 않는다는 점도 큰 장점이다. 수혜자의 동기가 감소하는 문제가 있기는 하지만, 동기를 완전히 제거하지는 않는다. 정해진 최저 소득에 부족분을 채워주는 방식과는 달리 스스로 버는 소득의 일부는 항상 자기의 처분가능소득이기 때문이다.

프리드먼이 꼽은 음소득세의 가장 큰 문제점은, 이 프로그램으로 해결되지 않고 남을 문제나 실현 가능성이 아니라 정치적 효

과다. 모든 정부 지출 프로그램은 세금으로 충당되는 만큼, 빈곤
완화 프로그램도 다수 납세자의 동의로 소수를 지원하는 것이다.
음소득세제도는 누가 내는 소득세가 누구의 수혜로 돌아가는지
가 너무나도 투명해서, 다수가 수혜를 받기 위해 원치 않는 소수
에게 세금을 부과하는 제도로 바뀔 위험이 매우 크다는 점이다.[24]

음소득세가 채택되지 못한 이유

프리드먼 음소득세 안의 요체는 소득세와 소득 이전 체계의 통
합이다. 그러자면 현행 제도의 상당 부분을 대체해야 한다. 그러
지 않을 경우, 현행 제도에 음소득세가 추가되어 복지 제도의 개
선이 아니라 개악이 된다. 자신의 구상이 반영된 닉슨 행정부의
'가족지원계획(Family Assistance Plan)'을 프리드먼이 의회 증언에
서 반대한 이유다.[25] 이 계획이 미국 하원을 통과하고도 상원의

---

24   *Capitalism & Freedom*, p.194.
25   *Free to Choose*, p.124.

벽을 넘지 못한 이유는 다양하다. 음소득세 구상을 도입하는 대신 기존의 빈민 가구 지원 프로그램(Aid to Families with Dependant Children)을 폐지하지만, 그런 정도로는 개선이 충분치 못하다고 생각한 프리드먼 같은 사람들이 있었는가 하면, 다른 한편에서는 기존 프로그램 폐지에 놀라 반대하는 사람들도 가세했기 때문이다.

기존의 복지 제도를 대체하는 음소득세 계획이 기득권 세력의 반대를 넘기란 불가능에 가깝다. 기득권 세력은 복지 수혜자들만이 아니다. 지방 정부의 복지 예산 운영 공무원들과 중앙 정부의 관료 집단, 현물 지원 제도의 현물 공급자 등 광범위하다.[26] 현물 지원 제도의 현물 공급자란, 식료품 쿠폰 프로그램(Food Stamp Program, 현행 SNAP제도) 같은 현물 지원 제도에서 쿠폰으로 구매할 수 있는 식료품(주로 농산물)의 생산자라는 이해 집단이다.

한편 음소득세가 채택되지 못한 가장 큰 이유는 실제 실험(field

---

26   *Free to Choose*, pp.124-125.

experiment) 결과에 대한 부정적 평가 때문이었다. 1968년부터 1982년까지 미국에서 네 차례[27], 캐나다에서 한 차례 그렇게 실험이 총 다섯 번 실행되었다. 근로 동기에 미치는 영향을 평가하기 위한 것이었다. 미국에서의 실험 규모는 809가구에서 4,800가구로 다양했다.(총 8,766가구). 기간은 3, 4년에서 최장 11년까지였다. 연 2주 내지 4주의 노동 공급(근로 시간)의 감소와 근로 소득 감소라는 실험 결과가 비판자들의 기대만큼 큰 폭은 아니었다 해도, 그들의 주장이 확인된 셈이었다. 1970년대 초의 활발하던 정책 논쟁 동력이 점차 약화하던 상황에서 이 같은 부정적 평가는 음소득세 구상에 울린 조종이 되었다. 향후 계속된 검증 연구들의 결과, 부정적으로 나온 초기 평가는 잘못된 실험 설계와 결과 해석의 오류 때문이었다는 사실을 입증했지만, 이미 상황을 되돌리기에는 역부족이었다.

---

27   New Jersey, 1968~1972(1357 families); Iowa and North Carolina, 1969~1973(809 families); Gary, Indiana, 1971~1974(1800 families); Seattle/Denver, 1971~1982 (4800 families). Robins, 1985.

기본소득제와 음소득세 비교

음소득세를 처음 제안한 리스-윌리암스와 그 구상을 확산한 프리드먼이 꼽은 음소득세의 장점은, 그 단순함과 투명성 그리고 효율성이었다. 그런데 단순함과 투명성이라는 점에서는 기본소득제도 절대 뒤지지 않는다. 그러나 그 단순함의 원천이 다르고 거기에서 두 제도는 근본적으로 차이가 난다.

기본소득제의 단순성은 획일성으로 인한 단순함이다. 반면 음소득세의 단순성은 소득세와 소득 이전 체계가 하나라는, 제도 원리의 단순성에서 온다. 획일성에 기초한 제도는 경직적이다. 단순한 원리에 근거한 제도는 유연성을 지닌다. 프리드먼이 음소득세의 장점을 열거하면서 "다른 현행 프로그램을 대체하기 용이하다"고 한 말은 바로 유연성을 뜻한 것이었다. 곧바로 음소득세의 다른 버전인 토빈의 기본 수당 계획이 나온 것도 이 사실을 드러낸다. 의도하지 않은 결과에 당황하면서도, 그 경직성 때문에 어쩔 수 없이 급진적 제도 변화가 아니라 급변하는 환경에 점진적으로 적응할 수 있는 유연한 제도를 원한다면 음소득세에 길이 있다는 말이다.

완전기본소득제의 비용은 높다. 그 비용이 요구하는 재정 조달 방식이 우파 내부에서는 대부분의 현행 복지 프로그램을 대체하는 급진적 변화이고, 좌파 내부에서는 스페인의 사례에서 보았듯 예산과 조세 제도의 급진적 변화다. 급진적 변화란 국가 위기 상황이 아니고는 국민의 지지를 얻기 힘든 법이다. 그래서 완전기본소득제의 정치적 실현 가능성은 매우 낮을 수밖에 없다.

완전기본소득제의 기본 수당이 자신의 소득에 비추어 결코 미미하다고 생각할 수 없는 많은 사람들에게, 이 제도의 도입은 삶의 큰 변화를 의미한다. 그 변화가 삶에 미칠 영향에 대해서도 면밀한 평가가 이루어져야 할 것이다. 일의 중요성은 생계유지 수단, 소득원으로서뿐만이 아니다. 일은 삶의 의미를 주고, 삶을 조직하며, 발전 기회를 제공하기도 한다. 기본소득으로 대체할 수 있는 요소들이 아니다. 보장된 기본소득이 인간의 게으른 본성과 결합해 근로 동기가 심각하게 감소하는 형태로 나타날 수 있다. 의존적인 성격으로의 바람직하지 않은 인성 변화, 자기 규율과 책임감 결여, 가족제도 해체 등 장기적으로 나타날 부정적 효과도 고려되어야 한다.

부분기본소득제는 완전기본소득제의 높은 비용 때문에 정치적 타협의 산물로 대신 선택될 확률이 높다. 그럴 경우 자칫 기존 복지 프로그램의 대체는 미미하고, 새 제도에 필요한 재원을 조달할 증세도 없이 낮은 수준에서 기본소득만 추가 지원되는 식의 개악으로 귀착될 확률 또한 높다.

III.
기본소득제에 대한 해외 사례

현재까지는 복지 수준이 높은 국가 또는 지방자치단체 차원에서 기본소득을 본격적으로 실시한 사례는 없다고 파악된다. 다만 유럽 등 복지 선진국에서 기본소득 도입에 대한 논의가 활발히 이루어지고 있고, 핀란드에서는 2017년 1월부터 시범 사업을 실시하고 있다. 이에 따라 기본소득 도입에 대한 논의를 비교적 활발히 진행했거나 시범 사업으로 실시한 주요국의 사례를 이어서 정리한다.

스위스

•

국민 투표 제도

스위스는 국민 투표의 나라다. 매년 전국적으로 헌법 개정이나 주요 사안에 대해 서너 차례 국민 투표를 실시한다. 스위스는 국토 4분의 3이 산과 호수이고 독일, 프랑스, 이탈리아 등과 접해 있어, 공용어만 4개인 다민족·다언어·복합 문화 국가다. 그러나 세계에서 가장 경쟁력 높고 잘사는 나라 중 하나다.

스위스의 국민 투표는 1848년 미국에 이어 두 번째로 연방 국가를 탄생시킨 스위스 연방 헌법안을 부치며 시작되어, 지금까지 연방 차원에서 600회 이상 실시되었다. 또한 26개 주(kanton)와 2천 300여개 시·군(Gemeinde)에서도 각종 현안에 대해 연간 20회 내외로 주민 투표가 실시되고 있다.

스위스 연방 헌법은 국민 투표를 의무적 국민 투표(Compulsory Referendums), 선택적 국민 투표(Non-compulsory Referendums)와 국민 제안(Popular Initiative)으로 규정한다. 국민 투표 안건은 유권자의 과반수 득표를 얻으면 가결되지만, 소위 이중 다수결 원칙(Double Majority)에 따라 의무적 국민 투표 등 안건에 따라서는 과반수 주의 찬성을 함께 얻어야 통과된다.

의무적 국민 투표는 연방 헌법 개정이나 국제기구 가입 등에 관한 사항이 그 대상이다. 그리고 선택적 국민 투표는 연방 의회에서 통과된 법률에 이견이 있는 경우 실시된다. 법률 공포 후 100일 이내에 18세 이상 유권자 5만 명(전체의 1% 수준) 또는 8개 주의 요구가 있으면 가능하다. 이는 법률에 대해 국민이 거부권을 가진 것으로, 연간 10여 건의 법률에 대해 선택적 국민 투표가 진행된다. 마지막으로 국민 제안은 정당, 이익단체, 개인 등이 제안 일로부터 18개월 내에 유권자 10만 명(전체의 2% 수준)의 서명을 얻어 연방 헌법 개정을 요구할 때 실시된다. 연방 의회는 국민 제안을 수용하거나 거부할 수 있지만, 거부된 국민 제안도 국민 투표에는 회부된다.

2016년 6월 5일 실시된 기본소득에 대한 투표 역시, 지난 2013년 10월 4일 시민 단체인 BIS(Basic Income Switzerland)가 '전 국민에게 조건 없는 기본소득 지급을 위한 법 개정'을 국민 투표에 올리는 데 대해 12만 6천 명의 서명을 받아 시작되었다. 동 국민 제안에 대한 국민 투표는 연방 정부와 의회에서 2년여간 안건을 검토한 뒤 실시되었다.

국민 투표 실시 배경

스위스 경제는 글로벌 금융 위기 이후 뚜렷한 상승세를 보이지 못하는 상황에서 최저임금이나 기본소득에 대한 관심이 증가했고, 국가가 임금 관련 사항을 법으로 규정해야 한다는 의견이 국민 제안으로 실현되었다. 스위스의 경제 성장률은 2010년 이후 하락 추세이며, 실업률은 인근 유럽 국가에 비해 낮은 편이지만 최근 15~24세 실업률 변동성 증가를 비롯해 소폭 상승하는 양상이다. 스위스 경제가 상승세를 보이지 못하는 이유는 스위스 프랑의 강세에 따른 환율 인하와 마이너스 물가 상승률 등 때문으로 분석된다.[28]

[표 1] 스위스의 연도별 실업률 추이

(단위: 전분기 대비, %)

연도	2008	2009	2010	2011	2012	2013	2014	2015
실질GDP 성장률	2.2	−2.1	2.9	1.9	1.1	1.8	1.9	0.8
물가 상승률(CPI)	2.4	−0.5	0.7	0.2	−0.7	−0.2	0.0	−1.1

자료 : 스위스 경제부 (SECO).

　스위스는 기본소득 국민 제안에 앞서 2014년 5월 18일 최저임금 도입안(시간당 22스위스 프랑)도 국민 제안을 통해 국민 투표에 회부되었고, 최종적으로 부결되었다. 스위스는 인근 유럽 국가에

28　스위스는 유럽 주요국 중 재정 건전성이 튼튼하고 실업률도 [그림 1]에서처럼 6% 미만으로 낮은 편이다. 물가로 살인적이라고 알려졌지만 최저임금도 그만큼 높다. 그런데도 스위스의 시민 단체가 국민 제안으로 국민 투표를 추진하게 된 계기는 역시 로봇과 인공지능이 이끄는 4차 산업혁명이라고 알려졌다.

비해 낮은 실업률과, 금융 산업 등 고소득 전문직 비중이 높은 노동 시장의 특성으로 인해, 기본소득으로 인한 근로 유인 감소폭이 작으리라는 주장도 있다.[29]

[그림 1] 스위스의 연도별 실업률 추이

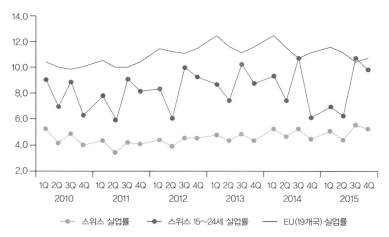

(단위: 전분기 대비, %)

자료 : 스위스 경제부(SECO).

_____

29   스위스의 1인당 국민소득이 8만 5천 달러 수준임을 감안할 때, 최저 생계비 수준에서 제안된 기본소득 지급액 규모는 크지 않은 수준이다.

언론 등을 통해 알려진 BIS의 기본소득은 스위스의 최저 생계비(월 2,219스위스 프랑)를 기준으로 산정되었고, 이를 4인 가구로 환산시 평균적으로 소득이 약 10~20% 늘어나리라고 전망하는 의견도 있었다.[30] 물론 재원 조달 방안은 뚜렷하게 제시되지는 않았으나, BIS는 기존 사회보장 사업 축소(연 620억 스위스 프랑), 개인의 소득 증가에 따른 납세액 증가(연 1,280억 스위스 프랑)로 충당 가능할 수 있지만, 추가적으로 부가가치세 등 세율 인상(연 180억 스위스 프랑)이 필요하다고 언급한 바 있다.[31]

지난 2015년 12월 녹색당(The Greens)과 사회당(Socialist)이 발의한 기본소득 관련 법안은 하원에서 부결되기도 했다.[32] 스위스의 경제인 단체는 재원 조달을 위해 추가적으로 세율을 인상할 경우 경기가 위축될 부작용을 우려하고 있었다.[33]

---

30   Giuliano Bonoli "Swiss to vote on the introduction of a universal 'basic income' on 6 June 2016," *ESPNFlashReport*, European Commission, 2016.

31   *InitiativeRevenudebaseinconditionnel*, 2016.

32   찬성 19표, 반대 157표, 기권 16표로 부결되었다.

33   Economiesuisse(2015)는 국민 제안에서 가정한 지급액에 따를 경우 노동 공급 감소로 인해 GDP의 7%가 감소하며, 재원 마련을 위해 소득세율(30% → 40%), 부가가치세율(8% → 50%대) 인상이 필요하다고 평가했다.

[그림 2] 스위스의 연도별 재정 수지와 국가 채무 추이

(단위 : GDP 대비, %)

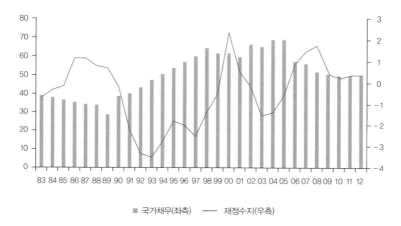

■ 국가채무(좌측)　── 재정수지(우측)

자료 : 스위스 경제부(SECO).

국민 투표 실시와 그 결과

지난 2016년 6월 5일(현지 시각) 스위스에서는 기본소득 도입을 놓고 국민 투표가 실시되었고, 전 세계인이 기본소득에 대해 호기심을 갖게 된 계기가 되었다. 국민 투표를 기획한 체 바그너 BIS

대변인은 "앞으로 로봇으로 인해 임금을 받지 못하는 노동자들이 많이 발생할 것이다. 기본소득은 이런 무임금 일자리를 보다 가치 있게 만들 것이다. 또한 사람들이 직업을 선택할 때 돈(월급) 이외에 다양한 조건을 고려할 수 있도록 도울 것이다"라고 설명했다.

그러나 이런 의견에 대해 스위스 내에서도 반대 의견이 상당히 많았다. 스위스 정부는 기본소득 지급이 국가 재정에 심각한 위기를 초래할 것이라며 반대 입장을 표명했고, 정치권에서도 우려하는 목소리가 상당했다. 기본소득을 도입하면 이민자들이 급격히 유입할 것이라는 주장도 제기되었다.

투표율은 46.3%(약 246만여 명)였고, 찬성 23.1%, 반대 76.9%로 부결되었다. 투표가 실시된 26개 주 모두 반대표가 압도적으로 많았다. 예상된 결과였다. 국민 투표를 앞두고 스위스 언론에서 실시한 여론 조사에서도 70%가 넘는 유권자가 반대하는 것으로 나타났다.

국민 투표 부결 배경

투표가 부결된 이유는 다음과 같이 3가지 정도로 정리된다.

첫째, 기본소득 지급안이 너무 불확실했다. BIS는 '전 국민에게 조건 없이 기본소득을 주어야 한다'고 주장만 했을 뿐 지급액, 지급 대상, 기간 그리고 재원 마련 방안에 대해 구체적으로 설명한 적이 없었다. 언론 등을 통해 알려진 '성인에게 월 2,500스위스 프랑(약 300만 원), 18세 이하 미성년자에게 650스위스 프랑(약 78만 원)'이라는 금액은 BIS가 합리적인 분석을 거쳐 제안한 금액은 아니다. 단지 그 정도는 되어야 기초 생활이 가능하다는 판단에 따라 홍보에 활용했고, 투표가 통과되면 원점에서 다시 계산해야 하는 상황이었다.

둘째, 스위스는 복지 천국이다. 1년 이상 꾸준히 세금을 내면 실업 수당으로 월급의 70~80%를 2년간 받을 수 있는 등 복지 제도가 잘 구비되어 있다. 사회보장과 관련한 이전 수입과 수당 등이 평균 가구 소득의 20% 이상을 차지한다. 이런 복지 제도를 포기할 만큼 월 2,500스위스 프랑(약 300만 원)이라는 기본소득은 매력적이지 않았던 듯하다. 평균 임금은 월 5,800스위스 프랑(약 700

만 원)이다.[34] 또한 재정 확보의 어려움 등을 이유로 기본소득 도입을 반대했던 정부와 의회에서는, 기본소득을 도입하려면 기존 복지 제도를 대거 축소하거나 세금을 인상해야 한다고 주장했다.[35]

셋째, 대다수 서유럽 국가의 고민거리 중 하나인 이민자가 급증할 가능성이 있다는 점도 국민 투표에 부정적인 영향을 주었다. 기본소득에 찬성하는 사람들은, 일정 기간 이상 스위스에 거주했다면 이민자에게도 기본소득을 주어야 한다는 입장이었다. 유럽 국가 중에서도 보수적인 성향으로 알려져 있는 스위스는 이민 정책이 까다롭기로 유명하다. 지난 2014년에는 정부가 3년 안에 외국인 노동자 상한선을 도입한다는 내용의 '대규모 이민 방지법'이 국민 투표에서 통과되었다. 유권자의 50.3%가 찬성했다. 이 법안은 이민자가 늘면서 스위스 내에서 일자리 경쟁

---

34 우리나라에서는 '월 300만 원'에 초점이 맞춰 있었지만, 세계 최고 수준인 물가를 자랑하는 스위스에서 300만 원은 큰돈이 아니다. 시간당 최저임금이 우리나라의 2배인 12스위스 프랑(약 1만 4,000원) 정도로, 맥도널드 햄버거를 먹으려면 1만 원이 훌쩍 넘는 돈을 내야 한다.
35 스위스 정부 추산에 따르면 기본소득을 지급하려면 연간 2,080억 스위스 프랑(약 250조 원)이 필요하며 이는 스위스 1년 예산의 70%에 달한다. 부가가치세를 8% 정도 인상해야 한다는 분석도 나왔다.

이 심해지고, 부동산 가격과 임대료가 치솟고 있다는 우려가 커지면서 국민들의 지지를 얻었다. 스위스 연방이민국에 따르면 2004~2014년 사이 연간 약 6만 4,000명의 유럽연합(EU) 시민들이 스위스에 정착했다.

필요성에 대한 공감대 형성

스위스 여론 조사기관인 gfs.bern이 투표가 실시되기 전 지난 2016년 5월 24일부터 6월 1일 유권자 1,000명을 대상으로 설문 조사한 결과를 보면, 69%가 '조만간 기본소득에 대한 또 다른 국민 투표가 이루어질 것'이라고 예상하고 있다. 18~29세 중 41%는 '몇 년 안에 기본소득이 도입될 것'이라고 전망하기도 한다.

체 바그너 BIS 대변인은 "투표를 실시한 지난 2016년 6월 5일 이후 기본소득에 관한 언론 노출이 급격히 늘었다"면서 "투표를 통해 결과적으로 기본소득에 대한 주의를 환기할 수 있었고, 세부 사항에 대한 논의가 가능해졌다"는 점을 강조하고 있다. 칼 위더퀴스트 기본소득유럽네트워크 공동의장도 "이번 국민 투표의 목적은 기본소득에 대해 스위스인과 전 세계인에게 알리기 위한 것이었고, 그런 면에서는 완벽하게 성공했다"고 말하기도 했다.

이처럼 스위스의 기본소득 도입에 대한 지난 국민 투표는, 국민 투표를 주도한 시민 단체 등이 법안을 통과시키기보다는 기본소득 제도를 홍보하는 데 의의를 둔 것으로 보인다.

핀란드

●

실험이 계획된 배경

풍족한 산림 자원과 노키아로 대표되는 첨단 산업의 조화를 통해
각광받던 핀란드 경제는 2012년 이후 계속 악화하고 있다. 경제
성장률의 경우 2012년 1분기 이후 거의 대부분의 시기에 걸쳐 마
이너스 성장을 거듭하고 있다.[36] 실업률 역시 2015년 11월 8.7%

---

36   2012년 1분기부터 2015년 1분기까지 핀란드가 −3.4%, 스웨덴이 5.6%, 노르웨
      이가 4.1% 성장했다.

에서 2016년 초 9.5%까지 상승했고, 특히 청년 실업률의 경우 22% 수준을 넘어서고 있다. 세계 1위 휴대폰 제조사이던 노키아가 몰락했고, 최대 교역국이던 러시아에 EU가 우크라이나 크림반도 병합을 문제 삼아 경제 제재를 함에 따라 교역 시장이 축소[37]되고, 지속적으로 상승한 노동 비용이 그 원인으로 지적되고 있다. 또한 인접 북유럽 국가와 달리 자국 통화의 평가 절하가 불가능한 면도 영향을 주고 있다.[38]

그러나 문제는 그뿐만이 아니다. 핀란드의 실업률 증가는 일자리 감소폭보다 더 크다. 이러한 이상한 현상이 발생하는 이유는 바로 복지병 때문이다. 경제 사정이 나쁘다 보니 새로 생기는 일자리의 상당수는 저임금 일자리다. 파트타임이나 임시직으로 실업 수당과 그리 차이가 없는 돈을 받으며 일하는 것보다, 그냥 놀면서 실업 수당을 챙기겠다는 사람들이 늘어난 것이다. 이에 따라 사회보장 체계를 개혁해 노동 참여율을 제고할 필요성이 커지

---

37   러시아는 핀란드의 최대 교역 국가지만, 크림반도 병합에 따른 EU의 무역 제재에 따라 핀란드의 대러시아 수출은 2014년 대비 35% 감소했다.
38   별도의 자국 통화를 사용하는 스웨덴, 덴마크, 노르웨이와 달리 핀란드는 유로화를 사용하고 있다.

고 있다.[39]

실험 계획 과정

지난 2016년 8월 25일(현지 시각) 핀란드 정부는 2,000명을 대상으로 조건 없이 매달 560유로(약 70만 원)를 지급한다는 내용의 기본소득 실험 계획을 발표했다. 기본소득과 근로 의욕과의 관계를 살펴보겠다는 목표였다.

지난 2016년 6월 5일 기본소득 도입 여부에 대해 진행되었던 스위스의 국민 투표가 부결된 상황이라, 전 세계 이목은 핀란드로 쏠렸다. 반응은 엇갈렸다. 블룸버그는 2016년 8월 31일 핀란드의 실험 계획은 "소극적", 〈포브스〉는 2016년 9월 5일 "핀란드가 역사적인 실험을 시작할 예정이다. 완전한 기본소득 형태는

---

39 핀란드의 기본소득에 대한 논의는 1980년대 일부 좌파 정치 세력과 녹색당 등이 복지 체계의 경직성과 관료화를 비판하며 그 대안으로 기본소득을 제시한 것이 시작이다.

아니지만 가치 있는 일이다"라는 반응이었다.

이 지점에서 궁금증이 생긴다. 인간은 합리적이다. 보통 공짜 돈이 생기면 돈을 벌 필요성이 줄어든다. 따라서 일을 적게 하게 될 가능성이 높은 것 아닌가? 그런데 핀란드 정부는 조건 없이 돈을 주면 국민들이 일을 더 많이 하고 싶으리라고 예상한다. 그러나 그에 대한 해답은 너무 잘 갖춰진 핀란드 복지 제도에서 찾을 수 있다.

핀란드가 추진하는 기본소득 실험의 핵심은, 돈을 버는 사람에게도 지급한다는 데 있다. 기존 실업 급여는 파트타임이라도 일자리를 얻을 경우 지급이 중단된다. 그러나 기본소득은 일자리를 얻더라도 계속 지급된다. 일을 하면 소득이 늘어난다는 보장이 된다. 이러한 실험을 하는 배경은 치솟는 실업률 때문이다.

국민들의 경제 활동 참가 의지를 높일 필요가 있다. 이러한 문제를 기본소득으로 해결하겠다는 구상이 정치권에서 나왔다. 2015년 5월 치러진 총선에서 중도 우파 성향의 중도당(Centre Party)은 "새로운 정치 문화에 대한 대담한 실험"을 공약으로 제시한 바 있고, 여기에 전 국민을 대상으로 한 기본소득이 포함되었다. 취직 상태여도 기본소득에 해당하는 돈을 추가로 받는다면,

허드렛일을 하느니 실업 수당을 챙기겠다는 사람은 줄어드리라는 논리에서다.

2015년 실시된 국민 여론 조사에서 기본소득 1,000유로를 지급하는 방안에 찬성한 사람은 69%에 달했다. 국민 투표에서 기본소득이 부결된 스위스와는 정반대인 결과가 나온 셈이다. 총선에서 승리한 유하 시필레(Juha Sipilä) 총리는 사회 보험기구(KELA)를 통해 연구단을 꾸리고 본격적으로 기본소득 도입을 위한 논의에 착수했다. 연구단에는 대학과 국책 연구소, 기업인, 협회 등이 참여했다.

연구단은 2016년 초 4가지 모델을 대상으로 검토 작업을 시작한다. A)사회보장 제도 전부를 대체할 만한 금액을 지급하는 완전기본소득(Full Basic Income), B)일부를 대체할 부분기본소득(Partial Basic Income), C)조세 체계를 활용해 기본소득 지급 효과를 내는 부(-)의 소득세(Negative Income Tax), D)기타 방안 등이었다.

구체적으로 완전기본소득 제도는 거의 모든 사회보장 체계가 제공하는 각종 급여를 대체할 만한 수준의 기본소득을 제공하는 방안이다. 월 750유로가 지급되는 기초 연금(basic pension)보다 높은 수준으로 설정되어야 하며, 언론에서 보도된 월 800유로 지급 방안이 이에 해당한다. 부분기본소득 제도는 사회 보험에 기반한 보장 급여를 제외한 대부분의 기본 급여(basic benefits)를 대체하는 방안이다.[40] 부(-)의 소득세는 일정 소득 이하의 가구에 대해 기존 조세 체계를 활용해 기본소득을 지불하는 방안이다.[41] 기타 방안은 '낮은 수준의 기본소득'과 '참가 소득'을 결합하는 방식으로 알려졌다. 기존 기초 실업 수당, 최소 병가, 출산 수당 등을 통합한 금액을 기본소득으로 지급하되, 사회적으로 바람직한 행위(노부모 부양, 자원봉사 등)에 대해 추가적인 금액을 지급하는 방식이다.

---

40 현재 정부 기초 실업 급여(basic government unemployment benefits)에서 제공하는 550유로를 기준으로 급여 수준이 결정될 가능성이 높으며, 주택 급여는 현행대로 지급될 예정이다.

41 연소득 1만 유로 기준 50% 점감 구간(phase-out)을 적용할 경우, 무소득 가구는 1만 유로를, 연소득 1만 유로 가구는 5천 유로를 지급받게 된다. 2만 유로 소득 가구는 지급액이 없다. 미국과 우리나라에서 실시되는 근로 장려 세제(EITC)를 확대한 개념이다.

실험 실시 과정

핀란드 정부는 실업 급여를 받고 있는 사람 중 무작위로 2,000명을 선정했다. 선정된 사람에게는 2017~2018년 기존에 받던 실업급여 등과 비슷한 수준인 매달 560유로를 지급하고 있다. 검토한 4가지 대안 중에서 주택 보조금 등 다른 사회보장 제도는 그대로 두고, 실업과 최저 생계비만 대체하는 부분기본소득 방식을 채택했다. 기본소득에 대해서는 세금도 면제한다.

기본소득 지급이 근로 의욕에 미치는 영향을 확인하려는 실험인 만큼, 지급 대상은 현재 실업 급여를 받는 사람 중에서도 실제일할 나이인 25~58세로 제한되었다. 취업과의 관계를 보려는 실험인 만큼 노령 연금을 받는 사람이나, 취업보다는 학위가 중요한 학생도 대상에서 제외되었다. 핀란드 정부는 나중에 비교하기위해 실험군과 비슷한 조건인 대조군도 선정했다. 이들은 기존대로 실업 급여 시스템을 적용받는다.[42]

---

42 이러한 기본소득 실험은 법률로 시행되는 일인 만큼 대상자로 선정된 사람은 거부할 수 없다.

2년 동안의 기본소득 지급이 끝나고 나서는 실험군과 대조군의 취업률 등을 바탕으로 실험 결과를 분석하고 시사점을 찾을 예정이다. 기본소득을 받은 쪽에서 의미 있는 취업 증가세가 나타난다면, 일하는 사회를 만드는 데 기본소득이 기여한다는 사실이 입증되는 셈이다.

이렇게 기본소득 실험을 하는 목적은, 일하는 사회를 만드는 방향으로 사회보장 시스템을 개혁하기 위해서라고 핀란드 정부는 설명한다. 즉, 고용을 늘리고 관료주의를 줄이며, 복잡한 사회보장 시스템을 단순화하는 것이다.

실험 실시 후 예상

영국의 과학 기술 분야 싱크탱크인 NESTA는 "핀란드의 기본소득에 대한 실험은 기본소득에 고용 증가 효과가 있는지 그 여부에 상관없이 장기적으로 다양한 이익을 가져다줄 것"이라고 평가한다. NESTA가 제시하는 기본소득의 효과는 사회적 약자들이 거대한 기술 변화에 적응할 수 있도록 교육 기회를 제공하고, 시민들의 사회 참여를 높이며, 어린이들을 빈곤에서 해방시켜 더 나은 출발을 할 수 있도록 하는 것 등이다.

그러나 2,000명을 대상으로 하는 실험과 실제 기본소득 제도 도입 사이에는 매우 큰 간극이 있다. 바로 예산 문제다. 스위스의 기본소득 국민 투표에서 반대가 많았던 이유도 그것을 감당할 재정 문제 때문이다. 핀란드의 성인 인구 490만 명에게 매달 560유로를 준다고 계산하면, 매년 약 329억 유로(약 41조 원)가 필요하다. 2016년 핀란드 정부의 세입은 491억 유로다. 따라서 핀란드 재정의 67%를 쏟아부어야 모든 성인을 대상으로 하는 부분기본소득제를 도입할 수 있다. 물론 완전기본소득 제도를 도입하려면 핀란드 재정을 넘어서는 규모의 재원이 필요하다.[43] 물론 기본소득 도입에 따라 통합·폐지되는 기존 복지 지출을 전용할 수 있으니 일정 부분 충당은 가능하리라 예상되지만, 그것으로는 한계가 있다는 전망이 지배적이다.

---

43 만약 핀란드 정부에서 검토한 완전기본소득을 도입할 경우 연간 소요 비용은 약 467억 유로 정도다. 2016년 핀란드 정부의 총 세입 491억 유로에 근접한 엄청난 규모다.

세분화된 기존 사회보장 급여를 폐지하고 기본소득을 도입함에 따라 일부 계층의 경우, 기존 제도에 비해 복지 혜택이 급감할 가능성이 존재한다. 또한 기존 복지 제도 운영 인력에 대한 대대적인 구조 조정 가능성, 단시간 저소득 일자리의 확산 가능성도 제기된다. 일률적 기본소득 지급은 고소득자에게 유리한 측면이 있어 사회적 형평성 논란이 제기될 수도 있다.

미국

●

실험 계획

에어비엔비(Airbnb), 드롭박스(Dropbox) 등 세계적인 벤처 기업을 발굴한 미국 실리콘밸리의 창업 투자·보육 업체 와이콤비네이터(YC, Y-Combinator)는 2016년 8월부터 주민들에게 '기본소득'을 지급하는 파격적인 실험에 나섰다.

　YC의 사장 샘 알트만(Sam Altman)은 "캘리포니아 주 오클랜드 시에서 100가구를 선정해 6개월에서 1년간 매달 1,000~2,000달러를 '기본소득(Universal basic income)'이라는 이름으로 지급하겠다"고 밝혔다.

월 2,000달러(약 220만 원)는 오클랜드 시에서 최저임금(시간당 12.25달러·약 1만 3,700원)으로 살아가는 근로자가, 하루 8시간씩 월 20일 근로를 하고 받는 임금과 맞먹는 수준이다. 이 실험은 알트만이 설립한 YC의 비영리 연구 조직인 YC 리서치 랩(YCR)에서 진행한다.

알트만은 2015년 10월 YCR이 출범할 때 사재 1,000만 달러(약 111억 원)를 기부했다. 알트만은 "로봇 등 첨단 기술이 기존 직업을 빠르게 대체하는 상황에서 기본소득은 가까운 미래에 반드시 필요할 것"이라며 "기본소득이 사람들에게 미래를 계획할 자유를 줄 것"이라고 말했다.

YCR이 오클랜드 시민을 실험 대상으로 선택한 이유는 이 지역 주민의 다양성 때문이다. 오클랜드에는 사회·경제적 지위가 다양한 사람들이 골고루 분포한다. YCR이 선정한 100가구는 소득과 자산 규모가 전부 다르고, 직업이 없는 주민도 있다. 알트만 사장은 "기본소득이 가계의 재정 건전성과 주민의 행복에 어떻게 영향을 미치는지 알기 위해 이 실험을 기획했다"고 밝혔다.

YCR은 이번 파일럿 실험(대규모 실험 전에 하는 소규모 실험) 결과를 토대로 5년에 걸친 장기 프로젝트도 진행할 계획으로 알려졌다. 프로젝트를 마친 뒤 실험 결과는 외부에 공개하고, 캘리포니아 주정부 등에도 제공해 미국에서 기본소득 논의를 본격적으로 시작하는 계기를 마련할 계획이다.

실험이 계획된 배경

미국의 기본소득 도입 논의는 비록 연속성은 없었지만 역사는 짧지 않다. 노벨경제학상을 받은 미국 경제학자 밀턴 프리드먼은 지난 1962년, 기본소득과 유사한 개념의 '부(-)의 소득세(negative income tax)' 도입을 주장했다.

　부(-)의 소득세란 경제학에서 고소득자에게는 세금을 징수하고, 저소득자에게는 보조금을 주는 소득세 또는 그런 제도를 의미한다. 즉, 소득이 특정 수준 이하인 사람은 정부에 세금을 내지 않고 반대로 정부에게 보조금을 지급받는 조세 체계다. 구체적으로 특정 수준까지의 소득에 대해서는 세금이 없고, 그 수준보다 높은 소득에 대해 세율에 따라 세금이 부과되는 한편, 그 수준보다 소득이 낮은 사람들은 부족한 부분에 대해 정해진 비율로 보조금을 지급받는다. 비록 '모든 국민에게'는 아니지만 기본소득의 개념과 비슷하다. 이후 몇 차례 경제학자들에 의해 기본소득이 논의된 바 있지만, 미국을 포함해 국가 차원에서 완벽히 실현된 사례는 아직까지는 없다.

1968년 미국 닉슨 대통령은 빈곤 가구에 기본소득을 지급할 목적으로 '가족 부조 계획(Family Assistance Plan)' 법안을 제안했지만, 의회에서 통과되지는 못했다. 그리고 국가 차원은 아니지만 알래스카 주에서는 1982년부터 석유 등 천연자원을 수출해 번 돈으로 기금을 적립해 운용 수익을 모든 주민에게 기본소득으로 배당한다.[44]

국제금융센터에 따르면, 최근 미국에서는 소위 진보와 보수를 불문하고 보편적 기본소득을 지급하자는 논의가 일고 있다고 한다. 기본 지급으로 보수 진영이 근로 의욕을 고취하는 쪽을 강조한다면, 진보 진영은 소득 보장성과 소득 재분배 기능 강화에 중

---

44   초기 1인당 연 300달러 수준이던 배당금은 2008년 2,000달러를 돌파했다.

점을 두고 있는 편이라고 한다.

진보 진영은 생산 활동이 인공지능화, 로봇화하면서 일자리가 감소하는 상황에서 기본소득 제도가 빈곤과 소득 불평등을 완화하리라고 주장한다. '일자리 창출이 최고의 복지'라는 기존 전제가 사라질 수 있다는 시각이다. 보수 진영은 기본소득이 기존의 복잡한 복지 체계를 단순 효율화하고 복지 사각지대를 해소하리라고 평가한다. 다만, '기술이 일자리를 앗아갈 것'이라는 가정을 보는 관점에 따라, 직업 변화에 대응할 수 있는 교육 제도와 유연한 노동 시장이 답이라는 시각도 있다.

한편, 지난 미국 대선 과정에서도 기본소득이라는 개념은 '핫이슈'였다. 민주당 대선 주자였던 버니 샌더스(Bernie Sanders) 상원 의원은 '최저임금 인상'을 핵심 공약으로 내세운 바 있다. 샌더스는 2015년까지만 해도 힐러리 클린턴(Hillary Clinton)과 도널드 트럼프(Donald Trump)에 가려 대선에서 조연에 불과한 듯했다. 그러나 최저임금 인상을 비롯한 진보적인 공약으로 2030세대의 전폭적인 지지를 받으며 '샌더스 열풍'의 주역이 되기도 했다.[45] 그의 공약은 '소득 재분배'에 초점을 맞추었다. 그는 최저임금 7.25달러가 미국인의 삶의 질을 떨어뜨리고 장시간 근로를 부추긴다고 주장하며, 이를 15달러로 인상하겠다고 밝혔다. 국가가 국민들이 인간다운 삶을 살 수 있도록 일정 소득을 보장해야 한다는 샌더스의 주장은 기본소득 도입 취지와 일맥상통했다.

근로 의욕 증진 효과

최저임금 인상과 기본소득을 지지하는 사람들은 모두 결과적으로 노동 시간이 줄어드는 효과가 나타나리라고 기대한다. 샌더스는 "미국에서 시급을 받고 일하는 노동자의 40% 정도가 집값을 비롯한 생활비가 부족해 매주 40시간 이상 일하고 있다"며, "각종 청구서를 지불하기 위해 여러 직업을 가진 경우도 많다. 이는 국가적인 불명예다"라고 말한 바 있다.

기본소득 지지자들 역시 "기본소득을 도입하면 정규직 근로자들이 야근, 주말 수당 등을 받기 위해 불필요하게 노동하는 시간

---

45   버니 샌더스 미국 민주당 상원의원은 "오는 2020년까지 최저임금을 7.25달러에서 15달러로 인상하겠다"고 공약한 바 있다.

을 줄일 수 있고, 결과적으로 질 낮은 비정규직 일자리를 줄이는
데 긍정적인 영향을 미칠 것"이라고 판단한다.

　그러나 가장 큰 문제는 예산이다. 미국 국민 모두에게 매년 1만
달러(1,103만 원)를 기본소득으로 지급할 경우 2조 4,000만 달러
(2,205조 원)가 필요하다고 추산되는데, 미국 GDP의 13%에 달하
는 규모다.[46] 따라서 향후 복지 제도와 이를 뒷받침하는 조세 제
도를 어떻게 만들어 나갈지가 기본소득을 도입하는 데 있어 핵심
과제가 될 전망이다.

46　우리나라의 경우 저부담·저복지 체계에서 모든 국민이 매달 25만 원 수준으로
　　기본소득을 받으려면, GDP의 10% 수준인 150조 원 이상인 예산이 필요하다고
　　추정된다. 세원을 확보하기 위해 직접세 강화, 지하경제 양성화 등이 주장되지만,
　　높은 근로 소득자 면세율(약 48%), 기계의 일자리 대체에 대한 사실 논쟁 등을
　　감안할 때 아직은 논의가 성급하다는 분석도 있다.

인도와 나미비아

•

인도

인도는 기본소득 실험에서 가장 대표적인 사례로 꼽히는 나라다. 2011년 6월부터 2012년 8월까지 유니세프의 지원을 받아 인도 자영업여성연합(SEWA; Self Employed Women's Association) 주관으로 마디야 프라데시(Madhya Pradesh) 주에서 성별, 연령과 상관없이 모두에게, 아무런 조건 없이 현금을 지급하는 기본소득 실험을 실시했다.

첫 번째 실험에서는 8개 마을 주민들을 대상으로, 2011년 6월부터 2011년 12월까지는 매달 성인 1인당 200루피(약 3,300원), 어린이 1인당 100루피(약 1,600원), 2012년 1월부터 2012년 8월까지는 성인 1인당 300루피(약 5,000원), 어린이 1인당 150루피(약 2,500원)를 지급했다.

두 번째 실험은 인도 내에서도 극빈층으로 꼽히는 부족 마을에서 진행되었다. 그들은 성인 1인당 300루피, 어린이 1인당 150루피를 받았다. 100루피는 인도에서 달걀 5개와 쌀 1kg짜리 한 포대를 살 수 있는 금액이다. 두 실험을 통해 기본소득을 받은 주민은 약 6,000명에 달한다.

나미비아

2008년 1월부터 2009년 12월까지 인도보다 앞서 기본소득 실험을 실시한 나미비아 역시 기본소득 실험의 대표 사례로 꼽힌다. 나미비아에서는 개신교단, 에이즈 단체 등 독일 비정부 기구들과 나미비아 교회평의회, 나미비아 노동자총연맹 등 각종 사회단체가 '기본소득 연합(Basic Income Grant Coalition)'을 설립해 실험을 기획했다.

　이들은 나미비아 내에서도 가장 가난한 마을 중 하나인 오치베라 - 오미타라(Otjivero-Omitara) 주민 930명을 대상으로 매달 100 나미비아 달러(약 8,000원)를 지급했다. 첫 6개월은 인도처럼 현금으로 지급했지만, 이후에는 우체국 계좌를 통해 지급했다. 금융 거래라는 경제 활동에 눈뜨게 한 셈이다. 21세 미만 주민들에겐 보호자를 통해 지급했다는 점 또한 인도 사례와는 다른 점이다.

실험 결과

인도와 나미비아에서 실시된 기본소득 실험은 모두 성공적이라고 평가된다. 인도 사례를 살펴보면, 먼저 어린이 영양실조가 크게 개선되었다. SEWA에 따르면, 각 나이에 맞는 정상 체중을 가진 어린이 수는 실험 전 39%에서 실험 후 58%로 늘어났다. 어린이들의 학교 출석률이 올라갔고, 몸이 아프면 참지 않고 병원에 가기 시작했다. 일반 가정 중 9%만이 소득 수준이 나아진 데 비해, 기본소득을 받은 가정 중에선 21%가 소득 수준이 향상되었다고 나타났다.

　나미비아에서 실시된 실험에서도 기본소득의 긍정적 영향은 뚜렷했다. 기본소득연합이 실험 시작 후 6개월 뒤 발표한 보고서에 따르면, 기본소득 지급 전 '매일 먹을 음식이 부족하다'고 답한 주민은 전체에서 30%에 달했다. 그러나 기본소득 실험 이후, 이 비율은 12%로 하락했다고 나타났다. 영양실조로 고통받던 어린이 비율은 42%에서 17%로 하락했다. 실업률은 60%에서 45%로 15%포인트 감소했고, 성인 1인당 평균 소득은 200나미비아 달러(약 1만 6,000원)에서 389나미비아 달러(약 3만 1,000원)로 기본소득 지급액 이상으로 상승했다고 나타났다.

실험이 성공한 원인과 한계

인도와 나미비아 기본소득 실험이 성공한 이유는 기본소득 제도의 한계와도 맞닿아 있다. 한정된 지역에서 한정된 수의 주민들을 대상으로 일정 기간 동안 실험했기 때문에 기본소득의 효과를 극대화할 수 있었다. 그러나 기본소득이 전국적으로, 상시적으로 도입됐을 때의 문제점에 대해선 알 수 없다는 한계를 남겼다.

각 주최 단체가 실험에 필요한 기금을 모아둔 뒤 실험에 착수했다는 점 또한 성공의 비결이었다. 그러나 실제 정책으로 시행되려면 지속적이고 안정적으로 재원을 조달할 방안이 필요하다. 증세 논의로 이어질 수 있어 정치적 문제로까지 비화될 우려가 있다.

이 외에도 실험 대상과 지역의 사회보장 제도가 제대로 갖춰있지 않아서 기본소득 효과를 한층 끌어올렸다. 정부로부터 받는 도움이 이미 없었던 만큼, 그들에게 기본소득은 그 누구에게보다 유용했다. 그러나 이는 기존 복지 제도와의 비교를 통해 기본소득의 효율성을 증명할 수는 없다는 한계로 작용했다.

인도와 나미비아의 사례에서는 완전한 기본소득 제도를 시행한 것이 아니다. 기본소득 '실험'에 불과하다. 모든 분야에서 제한적으로 실시되었기 때문이다. 2년 이하의 짧은 기간을 목표로 잡고 실시했고, 각각 마디야 프라데시 주, 오치베라–오미타라라는 마을로 실험 공간이 제한되었다. 실험에 참여한 주민 또한 각각 6,000명, 930명에 그친다.

이 같은 조건들은 기본소득의 효과를 극대화했던 비결이다. 실험 대상이 소수이고, 공간이 한정될수록 방해 요인을 쉽게 통제할 수 있어 기본소득의 효과를 보다 명확히 확인할 수 있기 때문이다. 그러나 기본소득이 전국적으로 시행되었을 때 어떤 효과를 낼 수 있을지에 대해선 여전히 미지수로 남겼다는 한계로도 작용한다. 한 지역의 주민들만 소득이 늘어난 경우와 전 국민의 소득이 늘어난 경우는 다르다. 자칫 인플레이션만 유발할 우려도 있다.[47]

인도와 나미비아에서 실시된 기본소득 실험의 경우, 정부가 아닌 각 나라의 사회단체가 주도해 실시했다. 그들은 모두 기부금 등을 통해 필요한 재원을 마련해둔 상태에서 실험에 착수했다. 때문에 실험 기간 동안 주최자들이 주민들에게 기본소득을 지속적, 안정적으로 지급하도록 도왔다. 기본소득 지급이 중간에 끊기거나, 금액이 일정치 않을 경우 기본소득의 효과는 반감될 수

---

[47] 파레이스 교수는 "모든 실험은 기간 제한 등을 두기 때문에, 실험 결과는 기본소득을 평생 받을 경우의 결과와는 다를 수 있다"며 "특정 기간 중 특정 지역만을 대상으로 한 실험으로 기본소득의 여부를 판단하기에는 한계가 있다"고 설명했다. 인도 기본소득 실험에 참여한 인도기본소득네트워크의 사라트 다발라 역시 "기본소득은 아직 완전히 시험되지 않았기 때문에, 현재 단계에서 기본소득의 취약점을 설명하기는 어렵다"고 말했다.

있다.[48]

그러나 기본소득이 전 국민을 대상으로 도입될 경우 막대한 재원이 필요하기 때문에 이 같은 안정적인 지급 환경이 보장되기 어렵다. 증세나 재정 지출 조정이 있어야만 기본소득 지급을 위한 재원을 마련할 수 있는데, 대내외 경제 환경에 따라 세수 규모는 변동성이 커질 수 있고, 정치 문제가 발생할 소지도 크다.

한편 인도와 나미비아는 모두 복지 제도가 잘 갖춰 있지 않아, 실험 대상 주민들에게 정부, 단체 등의 도움이 절실한 상황이었다. 인도의 경우 복지 제도가 전무하지는 않으나, 공무원의 부정부패가 심해 재원 중 40% 이상이 중간 과정에서 사라진다고 한다. 정부에서 아무리 복지 재원을 늘려도, 결국 주민들이 손에 쥐는 혜택은 얼마 되지 않는다. 나미비아는 노인들에게 일정 금액의 연금을 지급하지만, 그 외 연령층을 위한 복지 제도는 제대로 갖춰 있지 않다.

그러나 두 나라의 실험은 기존 복지 제도의 비효율성을 밝혀

48　인도 기본소득 실험에 참여한 사라트 다발라는 "소액일지라도 정기적으로, 조건 없이 지급되는 기본소득은 빈곤으로부터의 해방과 변화를 가져온다"고 말했다.

내는 데는 실패했다. 선진국에서는 복지 제도가 이미 일정 수준 이상 도입돼 있어, 기본소득 도입을 통해 기존 복지 제도의 비효율성을 따져볼 수 있다.[49]

인도의 경우 기본소득 실험에 대한 대표 사례로 꼽히는 것과는 달리, 현재 전국 도입을 위한 논의까지는 나아가지 못한 상황이다. 기본소득을 실시하기엔 터무니없이 적은 세수가 첫 번째 걸림돌이었고, 이를 해결하려면 고소득을 올리는 기업가나 농부들에게 세금을 걷어야 한다는 점이 두 번째 걸림돌이었다. 이는 정치적 리스크를 수반하는 만큼 인도 내 어떤 정치인도 섣불리 나설 수 없는 상황이다.

그러나 인도 내에서 기본소득 논의가 아예 사라진 것은 아니다. 아빈드 수브라마니안(Arvind Subramanian) 인도 재무부 수석 경제 고문은 최근 강연회와 인터뷰 등을 통해 "기본소득 제도가

---

49 2017년 1월부터 실시되고 있는 핀란드 기본소득 실험의 경우, 주택 보조금 등 다른 사회보장 제도는 그대로 두고 기본소득이 실업과 최저 생계비만 대체하도록 하고 있다. 기존대로 실업 급여 시스템을 적용받는 대조군도 선정했다. 근로 의욕에 미치는 영향을 알아보고자 도입된 실험인 만큼, 기존 제도와 명확히 비교하기 위해서다.

시행될 가능성이 있냐고 묻는다면, 가능성은 있지만 일정한 조건부 하에 실시될 것"이라면서도 "기본소득 지급에 대한 논의는 재무부 연례 보고서에 주요 의제 중 하나로 담길 예정"이라고 밝혔다.

나미비아 역시 아직 기본소득 제도를 도입하지는 않았지만, 인도보다는 기본소득 시행을 향해 한 단계 더 나아간 모습을 보이기도 했다. 하게 겡고브(Hage Geingob) 나미비아 대통령은 2015년 3월, 빈곤 퇴치와 사회 복지 전담 부처의 장관으로 제파니아 카미타(Zephania Kameeta) 전 루터교 주교를 임명했다. 카미타 장관은 나미비아에서 기본소득 실험을 주최한 기본소득연합의 간부진 중 한 사람이다.

카미타 장관은 기본소득 법안을 의회 상정 직전까지 이끌었지만, 결국 실패했다. 이후 나미비아에서 기본소득에 대한 논의는 수그러든 상황이다. 대신 식품 업체로부터 식품을 기탁받아 소외계층에 지원하는 프로그램인 '푸드뱅크(Food Bank)'와 이 푸드뱅크에 참여하는 청년들에 한해 조건부로 수당을 지급하는 내용을 담은 대책(Harambee Prosperity Plan)'이 2016년 초 발표되었다.

IV.
안심소득제

기본소득의 광풍

●

앞으로 우리나라 정치와 경제계에도 기본소득이라는 광풍이 밀어닥칠 것 같다. 국가가 국민 모두 또는 일부에게 소득과 상관없이 일정 금액을 지급하는 기본소득을 일부 정치인들이 선거 공약으로 거론하기도 한다.

한국에서 기본소득은 기존 복지 제도를 그대로 유지하면서 추가로 지급하는 개념이다. 현금으로 지급하는 복지 제도의 정도는 시장 소득(market income)과 처분가능 소득(disposable income)의 차이로 가늠할 수 있다. 시장 소득은 근로 소득, 사업 소득, 재산 소득, 사적 이전 소득을 모두 포함한 소득이다. 처분가능 소득은

시장 소득에 공적 이전 소득을 더하고 공적 비소비 지출을 뺀 값
이다. 공적 이전 소득에는 공적 연금, 기초 노령 연금, 사회 수혜
금, 세금 환급금이 포함되며, 공적 비소비 지출에는 경상 조세, 연
금 기여금, 사회 보험료가 포함된다. 개인이 시장에서 시장 소득
만큼 벌면 그중 정부가 세금 등으로 가져가고 복지 급여금 등을
지급해 처분가능 소득만큼을 사용할 수 있다.

계층 간 소득 격차를 나타내는 지표인 소득 5분위 배율은 상위
20% 소득을 하위 20% 소득으로 나눈 값이다. 2015년 도시 2인
이상 가구의 시장 소득과 처분가능 소득의 소득 5분위 배율은 각
각 5.67과 4.20이다. 그 차이가 소득 재분배 정책의 정도를 드러
낸다. 계층 간 소득 격차를 나타내는 또 다른 지표는 지니계수
(Gini coefficient)다. 로렌츠 곡선(Lorenz curve)은 소득의 오름차순
으로 개인을 배열할 때 누적 개인 비율을 횡축에, 누적 소득 비율
을 종축에 잡아 그 관계를 나타낸다. 지니계수는 로렌츠 곡선과
45도선 간의 면적을 분자로, 45선 이하 면적을 분모로 해 구한다.
2015년 도시 2인 이상 가구의 시장 소득과 처분가능 소득에 대한
지니계수는 각각 0.305와 0.269이고, 그 차이도 소득 재분배 정책
의 정도를 드러낸다.

[표 2] 소득 5분위 배율과 지니계수(도시 2인 이상 가구)

(단위: 전분기 대비, %)

연도	소득 5분위 배율		지니계수		정부
	시장 소득	처분가능 소득	시장 소득	처분가능 소득	
1990	3.93	3.72	0.266	0.256	노태우
1991	3.77	3.58	0.259	0.250	
1992	3.71	3.52	0.254	0.245	
1993	3.84	3.7	0.256	0.250	김영삼
1994	3.76	3.61	0.255	0.248	
1995	3.85	3.68	0.259	0.251	
1996	4.01	3.79	0.266	0.257	
1997	3.97	3.8	0.264	0.257	
1998	4.78	4.55	0.293	0.285	김대중
1999	4.93	4.62	0.298	0.288	
2000	4.4	4.05	0.279	0.266	
2001	4.66	4.29	0.290	0.277	
2002	4.77	4.34	0.293	0.279	
2003	4.66	4.22	0.283	0.270	노무현
2004	4.94	4.41	0.293	0.277	
2005	5.17	4.55	0.298	0.281	
2006	5.39	4.62	0.305	0.285	
2007	5.79	4.84	0.316	0.292	

2008	5.93	4.88	0.319	0.294	이명박
2009	6.11	4.97	0.320	0.295	
2010	6.02	4.82	0.315	0.289	
2011	5.96	4.82	0.313	0.289	
2012	5.76	4.67	0.310	0.285	
2013	5.70	4.56	0.307	0.280	박근혜
2014	5.67	4.42	0.308	0.277	
2015	5.67	4.20	0.305	0.269	

출처: 통계청.

[표 2]는 1990년 이후 각 지표들을 나타낸다. 세계 금융 위기
가 최고조였던 2009년, 각 지표가 모두 최고치를 기록했고 그 뒤
지속적으로 내려가고 있다. 사회적 약자에 대한 배려를 최우선으
로 했던 노무현 정권 때 소득 격차는 가장 확대되었다. 처분가능
소득의 소득 5분위 배율과 지니계수는 2003년 각각 4.22와 0.270
에서 2007년 4.84와 0.292로 크게 증가했다. 그리고 시장 소득
과 처분가능 소득의 소득 5분위 배율과 지니계수 각각의 차이는
2007년 각각 0.95와 0.024에서 2015년 각각 1.47과 0.036으로
크게 증가했다. 사회적 약자에 대한 배려로 차별 시정을 정책의

최우선 목표로 삼아 노동 시장과 노사 관계에 정부가 직접적으로 개입했던 노무현 정권보다, 박근혜 정권이 소득 격차를 완화하고 소득 재분배 정책을 더 효과적으로 추진했다.

　　2016년 6월 사회보장 위원회는 '제1차 사회보장 기본 계획 2016년도 시행 계획'을 확정했는데, 총 187개 세부 과제로 구성되어 있다. 또 '2016년도 시·도 지역사회 보장 계획 연차별 시행 계획'도 의결했는데, 806개의 세부 사업으로 구성되었다(보건 복지부 보도자료 2016.6.5). 그리고 '2017년도 예산안 편성 및 기금 운용 계획안 작성 세부 지침'(기획 재정부 2016.4)에 따르면 사회보장 사업 목록에 286개 사업이 올라와 있다. 그러나 이 모든 목록에 예를 들어 실업 급여 지급 사업은 포함되지 않았다. '2016 나라 살림 예산 개요'(기획 재정부)에 따르면 2016년 보건·복지·노동 분야의 중앙 정부 예산은 123.4조원으로, 2016년 중앙 정부 지출 예산(386.4조원)의 31.9%에 달한다. 이 예산에는 최저임금제를 시행해 저임금 근로자들의 임금이 상승하는 것은 포함될 수 없고, 지방자치단체에서 시행하는 복지 제도도 포함되지 않는다.[50] 이 같이 한국의 복지 제도는 너무 많고 복잡해서, 모두 열거하고 그

규모와 내용을 파악하기가 쉽지 않다.

한국에서 저소득 가구를 지원하는 대표적인 복지 제도는 기초 생활 보장 제도와 근로·자녀 장려금이다. 우리는 각각에 대해 개괄한 후 종합적인 평가를 한다. 이 대표적인 복지 제도들 대신 음소득세(negative income tax) 개념에 근거한 안심소득제가 노동 공급을 늘리고 소득을 증대하는 경향을 보인다.[51] 최저임금을 가파르게 인상하는 것보다 안심소득제가 저소득 가구를 지원하는 데 훨씬 더 효과적이며, 국민 경제에 대한 부담도 상대적으로 낮다.

---

50 "2016년도 시·도 지역사회 보장계획 연차별 시행 계획"에 따르면 지방자치단체 고유의 2016년 사회보장 사업 예산은 7조 1,218억 원이다(보건 복지부 보도자료 2016. 6. 5).

51 본서에서는 밀턴 프리드먼(Milton Friedman)의 음소득세(negative income tax)의 개념에 근거한 제도를 제안하며 이를 안심소득(safety income) 또는 안심소득제(safety income system)라고 부르기로 했다.

기초생활 보장 제도

●

기초생활 보장 제도는 생활이 어려운 저소득 가구에 대한 지원이다. 이 지원에는 생계, 주거, 교육, 자활, 의료, 해산, 장제 등 7개 급여가 있다. 2016년 기준 각 급여는 다음과 같다.

생계 급여는 가구의 소득 인정액이 4인 가구 기준 월 중위소득 439만 1,434원의 29%인 127만 3,516원에 미달하는 가구에 127만 3,516원에서 소득 인정액을 차감한 금액을 매월 지급하는 것이다(보건 복지부 2016a).

주거 급여는 소득 인정액이 4인 가구 기준 월 중위소득 439만 1,434원의 43%인 188만 8,317원 이하인 가구에 매월 최대 30만

7,000원(서울)을 지급하는 것이다(국토 교통부 2016).

교육 급여는 4인 가구 기준 월 중위소득 439만 1,434원의 50%인 219만 5,717원 이하인 가구의 초·중·고등학교 자녀에게 지급한다. 고등학생의 경우 입학금과 수업료 전액과 1인당 연 13만 1,300원의 교과서 대금(부교재비 포함) 그리고 5만 3,300원의 학용품비를 지급한다.[52]

의료 급여는 소득 인정액이 4인 가구 기준 월 중위소득 439만 1,434원의 40%인 175만 6,574원 이하인 가구의 모든 구성원에게 지급한다(보건 복지부 2016b). 1종 수급권자는 이들 중 근로 무능력 가구, 희귀 난치성 질환 등록자, 중증 질환(암환자, 중증 화상 환자만 해당) 등록자, 시설 수급자다. 그 외에 행려 환자, 이재민, 의상자와 의사자의 유족, 입양 아동(18세미만), 국가 유공자, 중요 무형문화재의 보유자, 북한 이탈 주민, 5·18 민주화 운동 관련자, 노숙인도 1종 수급권자다. 2종 수급권자는 기초생활 보장 대상자 (기준 중위소득 40% 이하) 중 1종 수급 대상이 아닌 가구다. 수급권자

---

52 출처: http://www.bokjiro.go.kr/welInfo/retrieveGvmtWelInfo.do?
wellInfSno=281 교육부(2015).

가 의료기관 등을 이용한 경우 본인이 부담해야 하는 금액은 [표 3]과 같다.

[표 3] 수급권자가 의료기관 등을 이용한 경우 본인이 부담해야 하는 금액

구분		1차 (의원)	2차 (병원, 종합병원)	3차 (지정병원)	약국	PET 등
1종	입원	없음	없음	없음	−	없음
	외래	1,000원	1,500원	2,000원	500원	5%
2종	입원	10%	10%	10%	−	10%
	외래	1,000원	15%	15%	500원	15%

출처 : 보건 복지부(2016b).

자활 급여는 근로 능력이 있는 생계나 의료 급여 수급(권)자와 주거 급여나 교육 급여 수급(권)자 그리고 근로 능력이 있고 소득 인정액이 기준 중위소득의 50% 이하인 비수급권자(차상위자)가, 자활 사업에서 근로하고 그 대가로 받는다(보건 복지부 2016c). 자활 급여는 소득으로 인정되어 자활 급여를 받은 만큼 생계 급여가 줄어든다.

해산 급여는 생계, 의료, 또는 주거 급여 수급자가 출산(출산예정 포함)한 경우 출생 영아 1인당 60만 원(쌍둥이 120만 원)을 지급하는 것이다. 장제 급여는 생계, 의료, 또는 주거 급여 수급자가 사망한 경우 1구당 75만 원을 지급하는 것이다.

소득 인정액이 없는 4인 가구에 지급하는 월 지원액은 생계 급여 127만 3,516원와 주거 급여(서울) 30만 7000원을 합해 158만 516원이다. 연 지원액은 158만 516원×12 = 1,896만 6,192원이다. 이 가구의 고등학생 자녀가 1년 동안 받는 교육 급여는 수업료 1450만 800원 + 교과서 대금 13만 1,300원 + 학용품비 5만 3,300원 = 163만 5,400원이다. 만약 이 가구에 고등학생 자녀가 두 명 있다면 교육 급여 327만 800원이 추가되어 생계, 주거, 교육 급여의 합은 연 2,223만 6,992원이 된다.

2016년 생계 급여 예산은 3조 2,728억 원이고 지원 대상은 135만 명, 81만 가구(2015년과 동일)로 예상된다. 주거 급여 예산은 1조 289억 원이고 지원 대상은 80만 가구로 예상된다. 교육 급여 예산은 1,451억 원이다. 의료 급여 예산은 4조 7,224억 원이다. 지원 대상은 기초 생활 수급자 147만 명과 타법 수급자 10만 명을 합해 157만 명으로 예상된다(기획 재정부 2016). 이 예산을 지원 대상자수로 나누면 1인당 연 300만 원 정도를 의료 급여로 지원하는 것이다. 위의 생계, 주거, 교육 급여의 합 2,223만 6,992원에 이 의료 급여액을 더하면 3,423만 6,992원이다. 즉 소득 인정액이 없고 두 자녀가 고등학생인 서울 거주 4인 가구에 지급되는 생계, 주거, 교육, 의료 급여의 합은 연 3천 4백만 원 정도다. 자활 사업 예산은 자활 급여 3,273억 원을 포함해 3,802억 원이다(보건 복지부 2016년 예산). 지원 대상은 5만 명(2015년과 동일)으로 예상된다. 보건 복지부 사회복지 정책실이 기초생활 보장 제도 업무를 전담한다.

지금까지 서술한 7개 급여 외에 자산 형성 지원(2016년 예산 678억 원)과 긴급 복지 지원(2016년 예산 1,013억 원)을 포함한 2016년 기초생활 보장 부문의 예산은 10조 1,311억 원이다. 기초생활 보장 제도의 7개 급여 중 1개 급여라도 수급받는 기초생활 보장 수급자는 약 210만 명으로 예상된다(기획 재정부 2016).

소득 인정액은 다음과 같이 산정된다(보건 복지부 2016a).

소득 인정액 = 소득 평가액 (실제 소득 − 구 특성별 지출 비용 − 근로 소득공제)

+ 재산의 소득 환산액 [(재산 − 기본 재산액 − 부채) 소득 환산율]

※ 소득 평가액과 재산의 소득 환산액이 (−)인 경우는 0원으로 처리

이어서 살펴볼 근로 장려금과 자녀 장려금은 소득 인정액에서 제외되므로, 기초생활 보장 제도의 각종 급여에 추가해 지급 받는다. 다른 소득들은 소득 인정액에 포함되므로 기초생활 보장 제도의 각종 급여와 상쇄된다.

기초생활 보장 제도를 시행하려면 담당자가 근로 능력 판정, 소득 조사, 재산 조사 등 각종 조사(means test)를 하고, 수급권자와 부양 의무자를 판정해야 하고, 불법이나 부당한 수급자를 지속적으로 적발(수급자 관리)해내야 하는 등 엄청난 행정 비용을 수반한다. 참고 문헌에 열거된 각 급여 사업 안내 책자들은 400~500페이지나 된다. 수급권자는 실제적인 소득과 무관하게 소득 인정액이 낮을수록 유리하므로 소득 인정액을 낮추려는 강한 유인(incentive)이 작용한다. 이 유인에 저항하는 것은 담당자의 업무 능력과 직무적 양심이다. 담당자가 사명감이 투철하고 업무 능력을 갖추었더라도 210만 명을 대상으로 예산이 새는 구멍(loopholes)을 철저히 막기란 불가능에 가깝다. 더욱 문제가 되는 것은 당국에 알려지는 연봉 34백만 원 이하(4인 가구)의 일자리는 일할 유인이 없다는 게 더욱 문제가 된다. 이 근로 역유인 효과(work disincentive)는 근로 장려금을 분석한 후 종합적으로 논의한다.

근로 장려금과
자녀 장려금

•

국세청은 소득이 낮은 근로자와 자영업자 가구에 대해 근로 소득 또는 사업 소득에 따라 산정된 근로와 자녀 장려금을 연 1회 지급하고 있다. 근로 장려금(earned income tax credit: EITC)의 최대 지원액은 가구당 210만 원이며 자녀 장려금(child tax credit)의 최대 지원액은 부양 자녀 1인당 50만 원이다.

근로 장려금은 가구, 총소득, 주택, 재산 요건을 충족해야 수령할 수 있다. 가구 요건은 배우자가 있거나 만 18세 미만 부양 자녀가 있거나 신청자가 만 50세 이상이어야 한다. 총소득은 사업 소득, 근로 소득, 기타 소득, 이자·배당·연금 소득을 합한 것이다. 이 총소득이 단독 가구는 1,300만 원 미만, 홀벌이 가구는 2,100만 원 미만, 맞벌이 가구는 2,500만 원 미만이어야 한다. 주택은 무주택이거나 1채만 소유하고 있어야 한다. 재산은 합계액이 1억 4천만 원 미만이어야 한다. 근로 소득 또는 사업 소득에 따른 구체적인 근로 장려금은 맞벌이 가구의 경우 [그림 3]과 같다. 근로나 사업 소득 1,000만 원 미만에는 해당 소득의 21%, 1,000~1,300만 원 사이에는 210만 원, 1,300~2,500만 원 사이에

[그림 3] 근로 장려금 (맞벌이 가구)

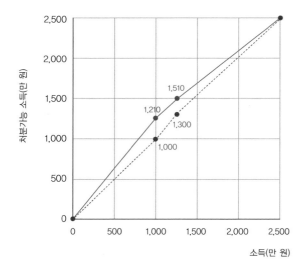

는 점점 작아져 2,500만 원이 되면 없어진다(taper out). 근로 장려금은 기초생활 보장 제도의 각종 급여 수급자도 수령 가능하다(국세청 홈택스 홈페이지).

자녀 장려금도 부양 자녀, 총소득, 주택, 재산 요건을 충족해야 수령할 수 있다. 만 18세 미만 부양 자녀가 있어야 한다. 부부 합산 총소득이 4,000만 원 미만이어야 한다. 주택은 무주택이거나 1채만 소유하고 있어야 한다. 재산은 합계액이 1억 4천만 원 미만이어야 한다. 자녀 장려금은 기초생활 보장 제도의 생계 급여 수급자는 수령할 수 없지만,[53] 생계 급여 미수급자이면서 교육 급여 수급자는 수령할 수 있다.

구체적인 자녀 장려금은 맞벌이 가구의 경우 총소득이 600만 원 이상 2,550만 원 미만이면[54] 부양 자녀의 수×50만 원이고, 2,550만 원 이상 4,000만 원 미만이면 부양 자녀수×[50만 원 −

---

53 2016년 3월 중 국민 기초생활 보장 급여 중 생계 급여를 받은 자는 자녀 장려금을 신청할 수 없다(국세청 2016).
54 홑벌이 가구의 경우에는 총소득이 600만 원 미만이어도 부양 자녀의 수 50만 원을 받는다(조세 특례 제한법 시행령 별표 11의 2).

(총소득 − 2,500만 원)×1,500분의 20]이다(국세청 홈택스 홈페이지).

　2015년에 근로 장려금(2014년)을 수령한 가구는 123만 2,546 가구이고 자녀 장려금을 수령한 가구는 104만 6,684가구다. 이 중 근로와 자녀 장려금을 모두 수령한 가구는 55만 5,310가구이 므로 총 172만 3,920가구가 근로나 자녀 장려금을 수령했다. 근 로 장려금으로 1조 467억 원, 자녀 장려금으로 5,553억 원, 총 1 조 6,634억 원이 지급되었다(국세청 2015). 2016년에 근로 장려금 1,997천 가구, 자녀 장려금 1,120천 가구, 둘 다는 569천 가구, 총 2,548천 가구에 신청 안내되었다(국세청 보도자료 2016.6.5). 여기에 소요되는 예산(세입)은 근로 장려금 1조 1,287억 원, 자녀 장려금 6,957억 원, 총 1조 8,244억 원이다(국세청 담당자 통화로 확인). 국 세청 소득 지원국의 소득 지원과와 소득 관리과 2개 과가 근로와 자녀 장려금을 전담한다.

기초생활 보장 제도와
근로 장려금에 대한 종합 평가

소득 인정액이 월 127만 3,516원 미만인 4인 가구는 생계 급여
로 월 127만 3,516원, 연 1,528만 2,192원을 보장받는다. 월 127
만 3,516원 미만의 근로나 사업 소득이 생기면 그만큼 생계 급여
가 줄어든다. 기초생활 보장 제도에서 각종 급여를 받더라도 근
로 장려금을 받을 수 있으며, 근로 장려금이 소득 인정액에서 제
외되므로 이 가구의 처분가능 소득(disposable income)은 생계 급
여와 근로 장려금의 합이 된다. 여기에 주거 급여 연 368만 4,000
원(서울 거주)을 더하면 [1,896만 6,192원 + 근로 장려금]이 된다.

[그림 4]는 이 내용을 모피트(Moffitt, 2003)의 분석에 따라 나타

낸 그래프다. 검은색 사선이 복지 제도가 전혀 없는 경우에 해당하는 임금선이다. 이 선의 기울기의 절대값은 임금률(w, 예: 시간당 임금)이다. 실선이 생계와 주거 급여이고 바로 위 쪼개진 두 선이 근로 장려금이다. 근로나 사업 소득이 발생하면 그만큼 생계 급여가 줄어들므로 일할 유인이 없으며, 근로 장려금으로 인한 임금선 기울기의 절대값이 연소득 1,000만 원까지는 $0.21w$에 지나지 않아 유보 임금률(reservation wage rate)보다 낮다면, 노동 공급이 전혀 되지 않는다. 유보 임금률보다 높더라도 일을 약간만 한다. B점 바로 아래 완만한 곡선과 A점 좌측으로 뻗은 선 가운데 두 번째 선은 무차별 곡선으로, $0.21w$가 유보 임금률보다 낮은 상황을 나타낸다. 노동 공급이 0인 점을 지나는 무차별 곡선이 원점에서 가장 멀리 떨어져서 가장 높은 효용을 달성하므로, 기초생활 보장 수급자는 A점을 선택해 노동 공급이 전혀 이루어지지 않는다.

예를 들어 기초생활 보장 제도의 생계 급여 수급자가 매월 100만 원씩 벌 수 있는 직장에서 일을 할까? 이 일을 하면 연 1,200만 원의 소득 인정액이 발생하므로 그만큼 생계 급여가 줄어들고 근로 장려금으로 210만 원을 받는다. 이 일을 함으로써 늘어나는 소득은 연 210만 원에 불과하므로 이 일을 하지 않는다.

현재 시행되고 있는 기초생활 보장 제도와 근로 장려금을 종합적으로 고려하면, 일을 하지 않거나 하더라도 약간만 하거나 당국에 알려지지 않는 음성적인 소득을 받는 일을 한다.

[그림 4] 생계 · 주거 급여 · 근로 장려금과 안심소득제의 노동 공급 효과 비교

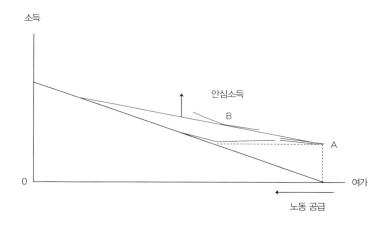

안심소득제의 설계

•

가난한 사람을 '어떻게(how)', '얼마만큼(how much)' 도와줄 것인가?

'어떻게'는 우선 가난한 사람을 정확히 식별해 직접 도와주는 것이다(Friedman 1962, p. 191). 특정 직종, 산업, 연령대, 노동조합 전반이나 일정 수준 이하의 임금 계층을 목표로 삼아서는 안 된다. 예를 들어 65세 이상에게 지불되는 기초 노령 연금, 최저임금제, 노동조합과 비정규직 보호법제, 청년 고용 할당제, 가격 보조, 관세나 각종 무역 장벽 등이다. 이 집단에 속하는 모두가 가난하지는 않으므로 잘못된 타겟이다. '어떻게'의 두 번째는 가능한 한 시장을 통해 작동해 시장 기능을 왜곡하거나 방해하지 않는 것이다(Friedman 1962, p. 191). 최저임금제, 노동조합과 비정규직 보호 법제, 청년 고용 할당제, 가격 보조, 관세나 무역 장벽 등이 이 두 번째에 어긋나는 예들이다. 우리는 가난한 사람을 정확히 식별하고 시장 기능을 왜곡시키지 않으면서 도와주는 제도가 안심소득제(safety income system)임을 논증한다. 그리고 '얼마만큼'에 대해서도 적절한 답을 내린다.

위에서 지적한 현행 복지 제도의 노동 공급 역유인 효과를 방지하기 위해 다음과 같이 안심소득제를 제안한다. 기초생활 보장 제도의 7개 급여 중 생계, 주거, 자활 급여와 국세청의 근로·자녀 장려금을 폐지하고, 대신 안심소득제를 신설한다. 4인 가구 기준으로 연소득 5,000만 원 미만까지 안심소득제를 통해 현금을 지원한다. 연소득 5,000만 원이 소득세의 면세점으로 그 이상은 소득세를 내고 그 이하는 안심소득제를 통해 정부의 보조금을 받는다. 2016년 4인 가구 기준 월 중위소득은 439만 1,434원이고 연 중위소득은 5,269만 7,208원이므로 연소득 5,000만 원 면세점은 우리나라 4인 가구 연 중위소득 수준이다.[55] 안심소득세율은 40%이다. 구체적으로 임금률을 w, 근로 시간을 t라고 하면 안심소득은 아래와 같이 계산한다.

$$0.4 \times (5,000만 원 - wt)$$

그러므로 처분가능 소득은 아래처럼 표현할 수 있다([그림 5] 참조).

$$wt + 0.4 \times (5,000만 원 - wt) = 2,000만 원 + 0.6wt$$

안심소득제의 특징은 절편(2,000만 원)과 임금선 기울기의 절대값(0.6w)이 상당히 높다는 점이다. 기초생활 보장 제도의 생계와 주거 급여는 절편(1,896만 6,192원)만 있고, 근로 장려금에 따르면 임금선 기울기의 절대값이 0.21w에 지나지 않는다. 안심소득제는 이 둘을 결합하면서 임금선 기울기의 절대값을 상당히 높이는 것이다. 이 안심소득제에 의해 국가는 모든 (4인) 가구에 적어도

---

55   2015년 가계 동향 조사에 따르면 중위(median) 시장 소득과 처분가능 소득은 각각 2,471만 원과 2,350만이다. 이를 4인 가구 기준으로 환산하면 각각 4,942만 원(=2,471만 원$\times\sqrt[2]{4}$)과 4,700만 원(=2,350만 원$\times\sqrt[2]{4}$)이다. 하위 25%의 시장 소득과 처분가능 소득은 각각 1,579만 원과 1,632만 원이고 4인 가구 기준으로는 각각 3,158만 원과 3,264만 원이다. 상위 25%의 시장 소득과 처분가능 소득은 각각 3,426만 원과 3,198만 원이고 4인 가구 기준으로는 각각 6,852만 원과 6,396만 원이다.

연 2,000만 원을 보장한다.[56] 소득이 전혀 없는 가구는 국가가 보조금으로 연 2,000만 원을 지원하며, 근로나 사업 소득이 있으면 생계 급여와 상쇄되지 않고 그 소득의 60%만큼씩 처분가능 소득이 증가한다. 그러므로 근로 장려금보다 더 강하게 근로할 유인(stronger incentive)을 제공한다. [그림 4]의 A점 왼쪽 첫 번째 사선은 안심소득제가 시행되는 경우에 해당하는 임금선이다. 앞서 언급한 무차별 곡선과 이 임금선이 접하는 점이 가장 높은 효용을 달성하므로, 근로자는 B점을 선택한다. 기초생활 보장 제도와 근로 장려금이 시행되는 현재보다 노동 공급이 증가하고 소득이 증가한다. 현행 생계, 주거, 자활 급여와 근로·자녀 장려금 대신 안심소득제가 시행되면, 더 강한 근로 유인이 제공되어 노동 공급과 노동 소득이 증가한다.

앞서 현행 기초생활 보장 제도의 생계 급여 수급자가 매월 100만 원씩 벌 수 있는 직장에서 일하지 않는다는 사실을 알았다. 안심소득제가 시행된다면 일을 할까? 이 일을 하면 연 1,200만원

---

56   국가가 적어도 1인당 연 500만 원을 보장한다

의 근로 소득이 발생하고, 안심소득제에 따라 국가로부터 0.4×
(5,000만 원－1,200만 원)＝1,520만 원의 추가 지원을 받아 처분가
능소득은 연 2,720만원이 된다. 그러므로 이 경우 일을 하는 선택
을 할 것이다.

[그림 5] 안심소득제

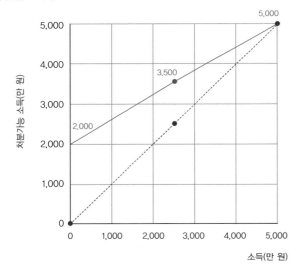

안심소득제의 기대 효과

•

프리드먼은《자본주의와 자유》의 12장 '가난의 완화(The Alleviation of Poverty)'에서 음소득세를 주장했다. 음소득세는 정부가 저소득 가구에 일률적으로 복지를 베풀 경우 근로 의욕이 있는 자도 일하지 않고 복지에 의존하는 폐단을 완화하고자, 근로 유인(work incentive)을 제공하면서 저소득 가구를 지원하는 제도다. 프리드먼은 모든 복지 제도를 폐지하고 대신 음소득세로 단일화하자고 제안했다.

한국의 기초생활 보장 제도와 근로 장려금을 종합적으로 고려하면 근로 유인보다 근로 역유인(work disincentive)을 제공해, 노동 공급 효과는 사라지거나 미미하다. 생계, 주거, 자활 급여와 근로·자녀 장려금을 폐지하고 대신 앞서 논의한 안심소득제를 신설하면 강한 근로 유인을 제공한다. 따라서 노동 공급과 처분 가능 소득이 증가하고 국민 경제를 돕는다. 그러므로 안심소득제야말로 저소득 가구를 지원하는 국가 정책의 근간이 되어야 한다.

2016년 중앙 정부의 보건·복지·노동 사업 예산은 123.4조 원이다. 소득이 생계비에 미달하는 국민이 1천만 명이라면 1인당 1,234만 원씩, 4인 가구라면 4,936만 원씩 지원할 수 있는 예산이다. 모든 보건·복지·노동 사업을 통합하고 현금으로 지원한다면 4인 가족 250만 가구 하나당 4,936만 원을 지급할 수 있다. 보건·복지·노동 사업이 통합되어 이렇게 현금 지급으로 단순화되었더라면, 부상으로 수입이 끊겨 동반 자살한 서울 송파구 세 모녀 사건(동아일보 2014. 3. 5)과 같은 사건은 방지되었을 것이다. 안심소득제를 통해 저소득 가구에 대한 지원 등 모든 복지 제도가 단순화된다면, 앞서 언급한 1천만 명 중 상당수가 일할 것이기 때문에, 동일한 예산으로 더 많은 가구에 더 많은 액수를 지원할 수 있을 것이다.

우리는 프리드먼의 제안을 우리 실정에 맞게 수정해 앞에서처럼 안심소득제를 제안했다. 프리드먼은 모든 복지 제도를 폐지하고 음소득세 도입을 주장했다. 우리는 기초생활 보장 제도의 7개 급여 중 교육, 의료, 해산, 장제 급여는 그대로 유지하면서, 생계, 주거, 자활 급여와 국세청의 근로·자녀 장려금을 폐지하고, 국가가 모든 (4인) 가구당 2,000만 원(국민 1인당 500만 원)을 보장하고 가구의 근로 또는 사업 소득의 60%씩 처분가능 소득이 증가하는 안심소득제를 제안했다. 이렇게 되면 [그림 4]에서처럼 저소득 가구의 노동 공급이 증가하고 처분가능 소득이 증대하는 효과를 기대할 수 있다.

이에 못지않게 중요한 안심소득제의 이점은 행정 비용을 절약하고 예산 누수를 최소화할 수 있다는 점이다. 생계, 주거, 자활 급여와 관련해 수급권자와 부양 의무자를 판정하기 위한 각종 조사와 수급자 관리, 자활 사업 관리 등 여러 행정 비용을 절약할 수 있다. 복지 혜택(welfare benefits) 전달 과정에서 생기는 횡령, 착복, 각종 비리 등 누수를 근본적으로 차단할 수 있다. 안심소득제는 기존의 소득세를 부과·징수하는 국세청 자료와 행정 조직을 활용하기 때문에 추가적인 행정 비용이 거의 발생하지 않으며, 세금 징수 과정에 수반되는 누수 정도만 발생할 것이다. 관련 행정 조직도, 보건 복지부 사회 복지 정책실의 대부분이 국세청의 소득 지원국(소득 지원과와 소득 관리과)으로 통폐합되는 등 줄어들 것이다.

2016년 기준 최저임금은 시간당 6,030원이었다. 여기에 209(시간)를 곱하면(유급 휴일 포함) 월 급여는 126만 270원이고 연봉은 1512만 3,240원이다. 안심소득제가 시행되면 추가로 1,395만 704원이 지급되어 처분가능 소득은 연 2,907만 3,944원(월 242만 2,829원)이 된다. 최저임금을 시간당 1만 원으로 인상할 경우의 연봉 2,508만 원(월 209만 원)보다 훨씬 높은 액수다. 최저임금의 가파른 인상은 심대한 고용 감소로 이어지고 자원 배분의 비효율을 증대해 경제 성장을 약화한다(박기성 2016). 안심소득제를 도입하면 최저임금을 가파르게 인상하지 않고도 저소득 가구를 효과적으로 지원할 수 있다. 더욱이 최저임금의 고용 감소와 경제 성장률 하락 효과 대신 노동 공급 증가 효과를 기대할 수 있다. 그러므로 안심소득제를 도입하면서 최저임금은 물가 상승률 수준으로만 인상해야 바람직하다. 최저임금은 저소득 가구에 대한 지원을 기업에게 떠넘기는 방안인데 비해 안심소득제는 국가가 세금

제도를 통해 담당하며 현대 국가 기능 중 하나로 요구된다.

최저임금을 1만 원으로 가파르게 인상해 고용 감소와 경제 성장률 하락을 초래함으로써 국민 경제에 재앙에 가까운 피해를 끼치는 대신, 물가 상승률 정도로만 인상하고 위와 같이 안심소득제를 신설하면 노동 공급이 증가해 고용이 늘고 처분가능 소득이 증대되어 소비가 늘어 국민 경제에 선순환으로 기여할 것이다.

최근 스위스에서 국민 투표에 부친 기본소득과 안심소득제는 어떻게 다를까? 기본소득은 본인의 소득에 상관없이 국가가 누구에게나 일정액을 지급하는 방침이다. 2016년 한국의 추계 인구는 5,125만 명이다.[57] 기본소득으로 소득 하위 50%에게 연 100만 원을 지급하려면 25조 6,250억 원이 필요하다. 소득 하위 75%에게 지급하면 연 38조 4,375억 원, 모든 국민에게 지급하면 51조 2,500억 원이 소요된다. 기본소득 지급액이 1인당 500만 원이면 각각 128조 1,250억 원, 192조 1,875억 원, 256조 2,500억 원의 예산이 필요하다.

---

57   출처: http://kosis.kr/nsportalStats/nsportalStats_0102Body.jsp? menuId=1&NUM=1

이와 같은 지원을 받으면 일하지 않거나 일을 적게 하는 노동 공급 감소 효과가 나타난다. 그리고 모든 가구(국민)에게 일정 금액을 지원하면 소득 5분위 배율이나 지니계수 등 소득 격차 지표를 낮추는 효과가 없다.

안심소득제는 국가가 소득이 전혀 없는 가구에는 일정액을 지급하고, 근로나 사업 소득이 조금이라도 있는 가구에는 그 소득에 반비례해 추가로 지원하는 것이다. 연소득 5,000만 원 미만 가구가 500만 가구(4인 가구 기준 2,000만 명)가 있다면 안심소득제로 가구당 평균 1,000만 원이 지급되므로 50조 원의 예산이 필요하다.[58] 안심소득제와 중복되는 다른 복지 제도, 예를 들면 생계, 주거, 자활 급여, 근로·자녀 장려금, 차상위 계층 지원 등이 폐지되면서 그 급여와 수반되던 행정 비용이 절약되고 각종 누수가 차단될 것이다. 더욱이 안심소득제는 강한 근로 유인을 제공해, 지

---

58 1,000만 원은 소득이 없는 가구에 2,000만 원부터 소득이 5,000만 원인 가구에 0원까지를 단순 평균한 수치다. 가구 소득 분포를 알면 정확한 소요 예산을 구할수 있다. 최근에 박기성·변양규(2016)는 2015년 가계 동향 조사 원자료를 사용해 안심소득제의 소요 예산이 37조 3,026억 원이고, 안심소득제가 시행되면 전체가구 처분가능 소득 기준 지니계수를 0.036 낮춘다고 추정했다.

원받는 가구의 노동 공급을 증가시켜 국민 경제에 기여할 뿐 아니라 노동 소득을 증대해 국가의 지원액을 감소시킬 것이다. [그림 4]의 B점에서 검은색 사선까지의 수직 거리가 안심소득제를 실시할 경우의 국가 지원액이다. 현행 기초생활 수급자에게 지불되는 생계 급여(A점에서 횡축까지의 수직 거리)보다 적다. 현행 제도에서는 월 100만 원을 버는 직장 일을 하지 않고 생계와 주거 급여로 연 1,896만 6,192원을 받으면 더 유리하지만, 안심소득제에서는 그 일을 하면서도 연 1,520만 원을 지원받게 되어, 국가 지원액이 376만 6,192원만큼 줄어든다.

그러므로 현행 복지 예산으로 우리가 제시한 안심소득제의 소요 예산을 충당할 수 있을 것이다. 구체적으로 [표 4]의 보건·복지·노동 분야 2016년 중앙 정부 사업 예산 중 기초생활 보장(생계, 주거, 자활 급여) 4조 6,819억 원, 기초 연금 7조 8,692억 원, 노동 17조 2,950억 원, 주택 19조 4,367억 원, 그리고 근로·자녀 장려금 1조 8,244억 원을 합한 51조 1,072억 원의 대부분이 우리가 제안한 안심소득제로 대체되므로 절약할 수 있다.

[그림 3]에서처럼 무소득 가구는 근로 장려금(EITC)을 전혀 받을 수 없고, 저소득 가구가 받을 수 있는 근로 장려금은 최대 210

만 원에 지나지 않는다. 반면 안심소득제에서는 [그림 5]의 예에서처럼 무소득 가구가 2,000만 원을 받고, 국가가 모든 가구의 처분가능 소득이 2,000만 원 이상이 되도록 보장하며, 소득 5,000만 원 미만 가구는 국가로부터 지원을 받아 처분가능 소득이 벌어들인 소득 즉 시장 소득보다 늘어난다. 소득이 없거나 낮은 가구에게 근로 장려금은 실제적으로 도움이 되지 않지만, 안심소득제는 현금을 확실히 지급해주어 처분가능 소득을 2,000만 원 이상으로 보장한다. 따라서 소득이 없거나 낮은 가구에게는 안심소득제가 근로 장려금보다 훨씬 유리하다.

[표 4] 보건 · 복지 · 노동 분야 2016년 중앙 정부 사업 예산(단위 : 억 원)

	2016년 중앙 정부 예산	안심소득제로 대체 가능 여부	
기초생활 보장 (생계, 주거, 자활 급여)	101,311 (46,819)	(○)	(46,819)
취약 계층 지원	24,989		
공적 연금	427,062		
보육 · 가족 · 여성	57,654		

노인 · 청소년(기초 연금)	94,210 (78,692)	(○)	(78,692)
노동	172,950	○	172,950
보훈	48,181		
주택	194,367	○	194,367
사회 복지 일반	7,917		
보건 의료	23,278		
건강보험	77,860		
식품 의약 안전	4,201		
합계 (보건 · 복지 분야 재정 투자 계획)	1,233,981		
근로 · 자녀 장려금	18,244	○	18,244
대체 가능 예산 합계			511,072

자료 : 기획 재정부(2016).

V.
기본소득제와 안심소득제의 소득 불균형 완화 효과 비교

본 장은 박기성·변양규(2017)의 일부를 수정한 것이다.

도입

•

앞에서 우리는 기본소득제에 대해 살펴보고 대안으로 제시된 안심소득제의 기본 원리에 대해서도 살펴보았다. 두 제도의 공통점은 사회적 약자에 대한 지원이다. 시장 원리에 의해 경제가 운영되고 그 결과 모두들 시장 소득을 얻는다. 그러나 시장 소득의 결과는 모든 이에게 공평할 수는 없다. 제도가 불공평하다기보다는 개인의 능력과 상황이 모두 같을 수 없기 때문이다. 그러나 제도적인 문제가 미미하다고 하더라도 모두들 소득이 동일하기란 불가능하기 때문에, 그리고 일부 취약 계층은 상당히 낮은 소득으로 생활을 영위해야 하기 때문에, 사회가 선택한 제도나 개인의 신념과는 상관없이 가난한 사람들에 대한 지원에 대해서는 모두 동의하는 편이다. 그러나 가난한 사람을 어떻게 도울지에 대해서는 의견이 분분하다. 앞서 논의한 기본소득제와 안심소득제도 가난한 사람을 돕는 방법론의 차이를 드러냈다. 이런 차이는 가난한 사람에 대한 지원의 목적이 다를 수도 있지만 제도를 설계하는 사람의 목적이 달라서이기도 하다.

현재 우리 사회가 처한 상황 등을 고려하면 가난한 사람을 어떤 방법을 통해 효율적으로 도울지에 대한 논의는 상당히 중요한 쟁점이다. 우선 현재 사회보장 제도가 비효율적이라는 지적을 많이 받는다. 지원을 위해 사용되는 예산 규모에 비해 소득 불평등 개선 효과가 미미하다는 지적이다. 특히, 실제로 소득 불평등을 개선하는 정도가 크고 작음에 상관없이, 현재 많은 이들이 우리의 사회보장 제도에 따른 소득 불평등 개선 효과가 크지 않다고 느끼고 있다는 것이다. 따라서 실제로 지원이 필요한 사람들에게 지원이 집중되도록 설계해 가시적인 소득 불평등 개선 효과를 드러내는 사회보장 제도를 설계해야 한다.

그러나 저출산·고령화로 인해 미래 세대의 재정 부담이 점차 커가는 상황에서 무작정 모든 사람들을 돕는다는 것도 바람직하지는 않다. 유엔 통계에 따르면 우리나라의 경우 1980년에는 15세~64세 사이 경제 활동 인구 16.1명이 65세 이상 노인 1명을 봉양하는 사회였다. 그러나 저출산으로 인해 일하는 사람의 비중이 줄고 기대 수명이 증가해 노인층의 규모가 커지면서, 현재는 약 5.6명이 노인 1명을 봉양해야 한다. 그런데 이런 문제는 아래 그림에서처럼 앞으로 더욱 심각해질 것이다. 인구 추계 자료를 근간으로 예측하면 우리 사회는 2050년에 15세~64세 사이 경제 활동 인구 1.5명이 65세 이상 노인 1명을 봉양하는 사회로 변모할 전망이다. 엄청난 재정 부담이 미래 세대의 어깨에 놓이게 된다.

 뿐만 아니라 15세 미만의 인구를 15~64세 인구층이 실제로 부양해야 한다는 점을 감안하면 문제는 더욱 심각해진다. 아래 그림의 우측은 15~64세 인구 100명당 0~14세와 65세 이상 인구수를 의미하는 부양비를 나타낸다. 그림에서처럼 1980년 15~64세 인구 100명이 부양해야 하는 인구는 60.7명이었다. 그러나 베이비붐 세대가 경제 활동 인구에 유입되면서 그 수치는 2015년 37.2명까지 낮아졌다. 그러나 고령화로 기대 수명이 증가하고 저출산으로 인해 15~64세로 유입되는 인구수가 감소하면서, 15~64세 인구 100명이 부양해야 하는 인구수는 2030년

58.5명으로 증가하고 2050년에는 87.2명까지 치솟을 전망이다.
즉 15~64세 인구 1.15명이 15세 미만과 65세 이상 인구 1명을
부양해야 하는 사회로 바뀐다는 의미다.

[그림 6] 우리나라의 고령화

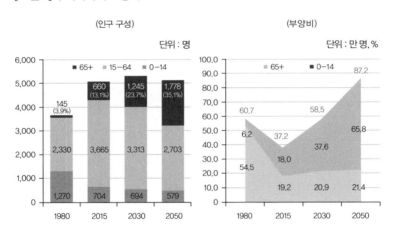

자료 : UN

주 : 부양비는 15~64세 인구 100명이 부양해야 할 0~14세 아동 및 65세 이상 고령층의 수를 나타낸다.

다음 [그림 7]에서처럼 우리나라 정부 예산에서 복지 관련 비

중은 1970년 이후 지속적으로 상승했고 2003년 이후부터 정부 예산 중 가장 큰 비중을 차지하고 있다. 2017년 예산안에 따르면 총예산 약 400조 원에서 복지 관련 예산은 130조 원을 넘어 전체 예산의 32%를 차지한다. 2017년부터 생산 가능 인구가 감소하기 시작해 일하는 사람은 줄고 복지 수혜자는 늘어날 전망이기 때문에 복지 관련 사회적 부담은 급속도로 증가할 전망이다. 따라서 무작정 가난한 사람을 돕자는 주장은 어쩌면 미래 세대에게 모든

[그림 7] 우리나라 예산 구성의 변화

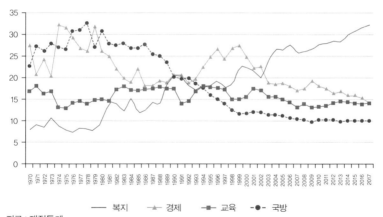

자료 : 재정통계

부담을 지우자는 말과 다를 바 없으며, 따라서 효율적으로 돕는 방법을 반드시 고민해야 한다.

본 장에서는 최근 논의되는 기본소득제와 그 대안으로 제시된 안심소득제의 소득 불평등 개선 효과를 추정하고자 한다. 이런 연구 결과를 제시하는 기본적인 이유는 가난한 사람들을 '어떻게' 도와야 우리 사회의 지속 가능성을 훼손하지 않으면서 효율적으로 돕는 것인지를 판단하기 위해서다. 즉, 주어진 예산 하에 소득 불평등 개선 정도가 높은 제도를 선택해야 더 현명한 접근이기 때문에, 두 제도의 소득 불평등 개선 정도를 비교하고자 한다.

본 장은 다음과 같이 구성된다. 우선 다음 절에서는 앞 장에서 제안한 안심소득제를 실현시킬 경우 예상되는 소요 예산을 가계 동향 조사 자료를 바탕으로 추정하고자 한다. 그리고 제3절에서는 안심소득제의 소득 불평등 개선 정도를 추정하고 안심소득제와 동일한 예산을 기본소득제를 통해 분배하는 경우도 상정해 두 제도의 소득 불평등 개선 효과를 추정하고자 한다. 통계청에서 일반적으로 쓰는 소득 불평등 지표[59]인 지니계수, P90/P10, 5분

위 배율, 상대적 빈곤율, 중산층 비중과 DER 양극화 지수가 사용
될 것이다. 그리고 마지막 절에서는 두 제도의 소득 불평등 개선
정도를 비교해 시사점을 도출할 것이다.

---

59   지니계수는 소득 분포의 불평등을 나타내는 지표로, 모든 사람이 동일한 소득을
      가질 경우 0이며 소득 분포가 불균등할수록 커져 한 사회의 모든 소득을 한 사람
      이 가질 경우 1이 된다. P90/P10은 경계 소득을 기준으로 하위 10% 대비 상위
      10%의 소득 배율을 나타낸다. 이 수치가 커질수록 상위 10%에 해당하는 사람의
      소득이 하위 10%에 해당하는 사람의 소득보다 커진다는 의미이기 때문에, 소득
      분포는 불균등해진다. 5분위 배율은 하위 20%의 평균 소득 대비 상위 20%의 평
      균 소득의 배율을 나타내며 P90/P10과 유사하게 클수록 소득 분포가 불균등하
      다는 의미다. 한편 상대적 빈곤율은 중위소득(모든 이의 소득을 순서대로 세웠을
      경우 중간에 선 사람의 소득)의 50%에 미치지 못하는 가구의 비중을 나타내고
      중산층은 중위소득 50% 이상 150% 미만 가구의 비중을 나타낸다. DER 양극화
      지수는 소득 분포가 양극으로 갈라져 있는 정도를 나타내는 0과 1 사이 지수로,
      숫자가 클수록 양극화가 심하다는 뜻이다.

안심소득제에 필요한
소요 예산 추정

●

가구별 안심소득제 지원금 산출

본 절에서는 안심소득제를 시행했을 경우 예상되는 예산을 추정하고자 한다. 안심소득제는 기초생활 보장 제도의 7개 급여 중 생계, 주거, 자활 급여와 국세청의 근로·자녀 장려금을 폐지하는 대신, 일정 소득 미만의 가구에 대해 소득 부족분의 일정 비율을 지원하는 제도다. 앞서 제안한 안심소득제는 다음과 같이 운영된다.

안심소득제하에서 지원 금액은 크게 기준 소득과 인정 소득에 따라 결정된다. 기준 소득은 가구원 규모에 따라 결정되는 특정 가구의 최저 소득을 의미한다. 즉, 가구원 규모를 반영해 특정 가구의 소득이 이 정도는 되어야 한다는 수준을 의미한다. 한편, 인정 소득은 특정 가구의 실제 소득을 의미한다. 재차 설명하겠지만 인정 소득이란 세금 등을 모두 공제하고 가구가 실제 사용할 수 있는 처분가능 소득 중에서 안심소득제로 통합되는 각종 사회 수혜금을 제외한 금액이다. 4인 가구를 예를 들면, 안심소득제에서 기준 소득은 5,000만 원이다.[60] 만약 인정 소득이 연 5,000만 원 미만인 경우 기준 소득 5,000만 원과 인정 소득 사이 차이의 40%를 지원한다.

가계의 가구원 규모, 연령, 소득과 수혜금 등에 대한 정보는 가계 동향 조사에 나와 있다. 따라서 본 연구에서는 가계 동향 조사 원시 자료를 활용해 추정하고자 한다. 우선, 가계 동향 조사 원시 자료를 활용해 개별 가구의 시장 소득을 산출한다. 아래에서처럼 가구별 시장 소득은 근로 소득, 사업 소득, 재산 소득과 사적 이전 소득의 합이다. 한편 처분가능 소득은 시장 소득에 공적 이전 소

---

60   가구원 규모에 따른 기준 소득은 아래에 설명되어 있다.

득을 더하고 공적 비소비 지출을 공제해 계산한다. 공적 이전 소
득에는 공적 연금, 기초 노령 연금, 세금 환급금과 사회 수혜금이
포함되고 공적 비소비 지출에는 경상 조세, 연금과 사회 보험이
포함된다. 한편, 안심소득제에서 기준이 되는 가구의 소득은 인정
소득인데, 이는 처분가능 소득에서 사회 수혜금을 공제한 값이다.

사회 수혜금에는 기초 노령 연금을 제외한 기초생활 보장 수
급자, 모자 가구, 차상위 계층, 노인 가구 등 사회적 약자에게 지
급되는 현금, 고용 보험과 산재 보험으로부터의 현금 수혜를 포
함한다. 보다 정확히 분석하려면 안심소득제로 대체되는 기초
생활 보장 제도의 생계, 주거, 자활 급여와 국세청의 근로 · 자
녀 장려금만 공제해야 하지만, 가계 동향 조사 데이터상으로는
이런 항목을 분류하기 어려워 사회 수혜금 전체를 공제하기로
한다.[61]

시장소득 = 근로소득 + 사업소득+ 재산소득 + 사적 이전소득

---

61   안심소득제로 통합되는 각종 수혜금을 실제보다 좀 더 많이 공제할 가능성이 있
      음을 밝혀둔다.

$$처분가능소득 = 시장소득 + 공적 이전소득 - 공적 비소비지출$$

$$= 시장소득 + \{공적 연금 + 기초 노령 연금$$

$$+ 사회수혜금 + 세금환급금\}$$

$$- \{경상 조세 + 연금 + 사회 보험 등\}$$

$$안심소득제 인정 소득 = 처분가능 소득 - 사회 수혜금$$

한편, 앞서 제안된 안심소득제는 가구원 규모를 감안해 특정 가구가 전혀 근로를 하지 못해 소득이 없을 경우라도 1인당 연간 최소 500만 원을 지원할 수 있도록 설계되었다. 예를 들어 4인 가구가 소득이 전혀 없을 경우 가구 구성원 개인당 500만 원, 즉 가구에 2,000만 원이 지원되도록 설계되었다. 3인 가구라면 소득이 전혀 없을 경우 연간 1,500만 원을 지원받는다. 한편, 소득이 있지만 안심소득제에서 정한 기준 소득 이하인 경우에는 부족분의 40%를 지원받는다. 안심소득제의 지원 여부를 결정하는 기준 소득은 가구 구성원 1인당 1,250만 원으로 책정되었다. 예를 들어, 4인 가구의 경우 안심소득제 기준 소득은 1,250만 원 × 4인 = 5,000만 원이다. 따라서 안심소득제하에서 지원 금액은 아래 예시처럼 결정된다.

가구규모별 기준 소득 = 1,250만 원 × 가구인 수

안심소득제 지원금

= {가구규모별 기준 소득 − 안심소득제 인정 소득}×40%

=

$$= \begin{cases} 1인 가구 : \{1,250만 원 − 안심소득제 인정 소득\}×40\% \\ 2인 가구 : \{2,500만 원 − 안심소득제 인정 소득\}×40\% \\ 3인 가구 : \{3,750만 원 − 안심소득제 인정 소득\}×40\% \\ 4인 가구 : \{5,000만 원 − 안심소득제 인정 소득\}×40\% \\ 5인 이상 가구 : \{6,250만 원 − 안심소득제 인정 소득\}×40\% \end{cases}$$

다음 [표 5]는 가구 소득과 규모에 따른 안심소득제 지원 규모를 나타내는 사례다. 4인 가구의 경우 소득이 전혀 없다면 현재 우리나라에서 시행 중인 근로 장려금 혜택을 전혀 받지 못한다. 하지만 안심소득제하에서는 기준 소득 5,000만 원과 인정 소득 0원의 차이 5,000만 원의 40%인 2,000만 원을 지원받고 1인당 연간 500만 원씩 지원받게 되는 것이다.

한편, 동일한 규모의 가구지만 조금이라도 일을 해 소득이 발생한 가구에는 어떻게 달라지는지 살펴보자. 4인 가구의 인정 소

득이 1,000만 원인 경우에는 기준 소득 5,000만 원과 인정 소득 1,000만 원의 차이 4,000만 원의 40%인 1,600만 원을 지원받게 된다. 근로 소득이 있기 때문에 비록 안심소득제하에서 지원받는 금액은 줄었지만, 가구의 총소득(인정 소득 1,000만 원 + 안심소득 지원금 1,600만 원)은 2,600만 원으로 증가하고 1인당 연간 650만 원의 소득을 확보할 수 있게 된다. 현재 우리나라 근로 장려금 제도는 일정 요건을 충족하면 일해서 얻은 소득의 21%를 추가로 지원한다. 하지만 위의 사례에서처럼 안심소득제는 근로로 인해 추가 소득이 발생했을 경우 추가 소득의 60%(위 사례에서는 1,000만 원의 60%인 600만 원)를 지원하므로, 근로 의욕을 제고한다는 측면에서 현재 시행되는 근로 장려금 제도보다 우월하다.

2인 또는 3인 가구의 경우도 지원 방식은 동일하다. 2인 가구를 예로 들면, 일하지 못해 소득이 전혀 없는 가구의 경우 기준 소득 2,500만 원(1인당 1,250만 원 × 2인 = 2,500만 원)과 인정 소득 0원 사이 차이의 40%인 1,000만 원을 지원받는다. 따라서 1인당 연간 소득은 500만 원이 된다. 한편, 예를 들어 동일한 가구에 1,000만 원의 소득이 발생하는 경우에는 기준 소득 2,500만 원과 인정 소득 1,000만 원 사이 차이의 40%인 600만 원을 지원받으므로, 1인당 연간 소득은 인정 소득에서 500만 원, 안심소득제에서 300만 원을 합해 연간 800만 원이 된다.

[표 5] 안심소득제하에서 지원 규모 산출 사례

단위 : 만 원

	4인 가구		3인 가구		2인 가구	
안심소득제하에서 인정 소득	0	1,000	0	1,000	0	1,000
지원 여부를 결정짓는 기준 소득	1,250×4(인)=5,000	1,250×4(인)=5,000	1,250×3(인)=3,750	1,250×3(인)=3,750	1,250×2(인)=2,500	1,250×2(인)=2,500
기준 소득과 인정 소득 차이	5,000	4,000	3,750	2,750	2,500	1,500
안심소득 지원금	2,000	1,600	1,500	1,100	1,000	600
안심소득제하에서 총가구 소득	2,000	2,600	1,500	2,200	1,000	1,600
안심소득제하에서 1인당 소득	500	650	500	733	800	800

안심소득제 시행에 필요한 총 예산 추정

안심소득제를 시행할 경우 소요되는 총예산은 개별 가구에 대한 지원금 합계에서 안심소득제에 의해 대체되는 사회 수혜금을 공제한 값이 된다. 따라서 가계 동향 조사 원시 자료를 활용해 각 가구의 인정 소득을 계산한 뒤, 개별 가구의 가구원 규모에 따라 안심소득제하에서의 지원금을 우선 산출한다. 그리고 개별 가구에 대한 지원금을 모두 합해 총 지원금 규모를 산출한다. 한편, 각 가구는 안심소득제 시행 이전에 각종 사회 수혜금을 받고 있었다. 이 중 안심소득제로 인해 대체되는 수혜금은 더는 지불하지 않아도 되기 때문에 지원금 총액에서 공제해야 한다.

가계 동향 조사 자료를 분석한 결과, 전체 1,734만 가구 중 약 818만 가구가 인정 소득이 기준 소득보다 낮아 안심소득제하에서 지원[62]을 받는 것으로 나타났다. 전체 1,734만 가구 중 47.3%

---

62 비록 안심소득제하에서 지원을 받지만 지원 금액이 공제된 사회 수혜금보다 작을 경우에는 안심소득제 시행 이후 가구 소득이 감소할 수도 있다.

에 해당하는 규모다. 추정 결과, 총 지원액은 약 37조 3,026억 원이며 연간 1가구당 456만 원, 1인당 169만 원을 지원하는 것으로 추정되었다. 지원받는 가구에 속한 인구는 모두 약 2,212만 명으로 전체 인구의 48.3%이다.

[표 6] 안심소득제 지원 금액

	가구수	인구수(명)	지원 금액(원)	
			가구당	1인당
지원 > o	8,183,584	22,124,447	4,558,225	1,686,036
지원 = o	9,156,560	23,660,126	–	–
전체	17,340,144	45,784,573	–	–

한편, 안심소득제는 기존 기초생활 보장 제도의 생계, 주거, 자활 급여와 국세청의 근로·자녀 장려금을 대체하는 것으로 설계되었다. 따라서 가구별로 수급하는 생계, 주거, 자활 급여와 근로·자녀 장려금 금액만큼 총예산에서 공제해야 안심소득제 시행

에 소요되는 순예산을 추정할 수 있다. 하지만 각 가구별로 생계, 주거, 자활 급여와 근로·자녀 장려금 금액이 제공되지 않기 때문에, 가계 동향 조사의 사회 수혜금 전체를 공제하는 것으로 추정했다. 이런 가정하에 사회 수혜금 항목을 모든 가구에 대해 합하면, 약 12조 4,497억 원에 달한다. 따라서 안심소득제를 시행하기 위해 소요되는 예산은 지원금 총액 37조 3,026억 원에서 사회 수혜금 절약분 12조 4,497억을 공제한 24조 8,529억 원이다.

안심소득제와 기본소득제의
소득 불평등 완화 효과

●

추정 방식

안심소득제와 기본소득제의 소득 불평등 완화 효과를 비교하기 위해 각 제도 하에서 가구 소득을 계산한 뒤 소득 불평등을 측정하는 지표를 계산하고자 한다. 우선 안심소득제하에서 각 가구별 지원금은 앞서 설명했듯이 기준 소득과 인정 소득을 산출한 뒤, 이를 기준으로 각 가구별 지원 금액을 산출한다. 한편 안심소득제와 기본소득제의 소득 불평등 완화 정도를 직접 비교하기 위해 안심소득제 예산과 동일한 규모의 예산을 기본소득제에 사용한다고 가정한다. 그리고 안심소득제 소요 예산 총액을 15세 이상 인구에 똑같이 나눠 주는 기본소득제를 실시한다고 가정한다. 이 경우 각 가구 구성원 중 15세 이상 구성원의 규모를 파악하게 되면 1인당 지원 금액을 산출할 수 있고, 각 가구당 지원 금액도 산출이 가능하다.

가계 동향 조사 자료에 따르면 15세 이상 가구원 총 인원은 3,680만 588명이므로, 안심소득제 총예산 37조 3,026억 원을 균등하게 나눠줄 경우 1인당 연간 약 101만 3,642원가량이 기본소득제하에서 지급된다.[63] 따라서 각 가구는 가구당 15세 이상 가구원 1인당 101만 3,642원을 지원받게 된다.

한편, 현행 제도뿐만 아니라 안심소득제와 기본소득제하에서 소득 불평등 정도를 계산하기 위해 현재 시장 소득, 현재 처분가능 소득, 안심소득과 기본소득을 기준으로 소득 불평등 지표를

---

[63] 기본소득제하에서의 분배 방법은 안심소득제 순예산(24조 8,529억 원)을 균등 분배하는 대신 사회 수혜금을 우선 공제한 뒤 안심소득제의 총 예산(37조 3,026억 원)을 균등 분배한다고 가정했다. 현재 핀란드 등 일부 국가에서 실험 중인 기본소득제가 실업 급여 등 기존의 사회보장 제도를 대체하는 방안으로 설계되었기 때문이다.

계산한다. 시장 소득은 현재 각 가구가 경제 활동을 통해 얻는 소득이며, 처분가능 소득은 현재 소득 재분배 제도에 따라 소득이 재분배된 결과다. 따라서 시장 소득과 처분가능 소득하에서의 소득 불평등 정도 차이는 현재 소득 재분배 정책의 효과를 나타낸다. 한편, 안심소득제와 기본소득제하에서 소득 불평등 지표를 시장 소득하에서의 지표와 비교하면 두 제도의 소득 재분배 효과를 비교할 수 있다.

한편, 각 제도하에서 가구의 소득을 통계청 방식과 동일하게 균등화해 소득 불평등 지표를 산출했다. 소득 분배 지표 작성에 사용하는 소득 자료는 가구원수가 다른 가구 간 후생 수준을 비교 가능하도록 가구소득/√가구원주 방식을 통해 균등화하는 OECD의 방식을 그대로 적용했다.[64]

아래에서는 균등화한 네 가지 소득을 기준으로 각종 소득 불평등 지수를 산출해 현행 제도, 안심소득제와 기본소득제의 소득 불평등도 완화 정도를 비교하고자 한다. 구체적으로는 소득 분포

---

64   균등화한 소득을 가구원 각각의 개인 소득으로 간주해 개인 단위의 소득 분배 지표를 계산하는 것이 OECD의 방식이며, 본 연구에서도 동일한 방식을 적용했다.

의 불평등도를 나타내는 지니계수, 하위 10% 경계 소득(하위 10% 경계선에 있는 사람의 소득) 대비 상위 10%의 경계 소득 비율을 나타내는 P90/P10, 하위 20% 계층의 평균 소득 대비 상위 20%의 평균 소득 비율을 나타내는 5분위 배율, 중위소득의 50% 미만인 인구가 전체에서 차지하는 비중을 나타내는 상대적 빈곤율, 중위소득 50% 이상 150% 미만인 인구가 전체에서 차지하는 비중을 나타내는 중산층 비중, 그리고 소득 분포가 양극으로 갈라져 있는 정도를 나타내는 DER 양극화 지수를 각각 산출해 소득 불평등 완화 정도를 비교할 것이다.

안심소득제와 기본소득제의
소득 불평등 완화 효과 비교

아래 표는 시장 소득, 처분가능 소득, 안심소득와 기본소득하에서 각종 소득 불평등 지표를 나타낸다. 지니계수는 소득 불평등을 나타내는 대표적인 지수로, 0과 1 사이 숫자이며 숫자가 클수록 소득 불평등이 심하다. 우선 지니계수를 통해 현행 소득 분배 제도와 안심소득제와 기본소득제가 각각 어느 정도 소득 불균등을 완화하는지 살펴보고자 한다. 즉, 아무런 재분배 정책이 없었을 경우 발생한 소득인 시장 소득으로 지니계수를 계산하고, 처분가능 소득, 안심소득과 기본소득으로 계산했을 경우 지니계수가 얼마나 낮아지는지 비교하고자 한다.

2015년 시장 소득 기준 지니계수는 0.332이며 현행 조세와 복지 제도 하에서의 처분가능 소득 기준 지니계수는 0.289다.[65] 현행 소득 재분배 정책도 지니계수를 0.043 포인트 (13.0%) 개선해 상당한 소득 불평등도 개선 효과가 있다. 하지만 안심소득제를 실시할 경우 지니계수는 0.250으로 크게 하락해 시장 소득 대비 0.082 포인트 (24.7%) 개선 효과가 있다. 기존 소득 재분배 정책의 두 배에 가까운 효과다. 그러나 기본소득제하에서 지니계수

---

65 가계 동향 조사의 전체 가구를 기준으로 작성되었다. 통계청의 경우 가계 동향 조사에 농가 경제 조사 자료까지 통합하여 전체 가구라 지칭하지만 본 연구의 전체 가구는 가계 동향 조사의 전체 가구만을 지칭한다. 따라서 시장 소득과 처분가능 소득 기준 소득 불균등 지표는 통계청 발표 수치와 약간의 차이가 있다. 하지만 농가 경제 조사를 사용하지 않는 2인 이상 비농가 또는 도시 2인 이상 가구의 경우 지니계수 등 모든 소득 분배 지표는 통계청이 발표하는 자료와 일치한다. 따라서 분석 방법에서 통계청과의 차이는 없다.

는 0.285로 시장 소득 대비 0.047 포인트(14.2%) 개선에 그쳐, 25
조 원에 가까운 추가 예산 투입에도 불구하고 현행 조세 정책과
유사한 소득 불평등 완화 효과를 보인다. 기본소득제하에서 지원
방식이 저소득층 중심이 아니며 모든 국민에게 조건 없이 지원하
는 것이므로, 개인 소득은 비록 증가하지만 상대적인 개념인 불
평등도는 크게 개선되지 않기 때문이다.[66]

한편, 현재 소득 분배 정책 결과(즉, 처분가능 소득 기준)를 기준으
로 안심소득과 기본소득 제도가 얼마나 추가적으로 소득 분배
를 개선하는지 지니계수를 통해 살펴봐도 유사한 결과가 나온
다. 아래 표에서처럼 안심소득제는 현재 처분가능 소득 기준 지
니계수 0.289를 0.039포인트(13.5%) 개선해 0.250까지 낮춘다. 하
지만 동일한 예산을 투입한 기본소득제는 0.004포인트(1.4%) 개
선하는 데 그친다.[67] 앞서 설명했듯이 기본소득제가 도움을 필요
로 하는 사람들만 돕기보다는 모든 사람에게 지원금을 나눠주기

때문이다.

지니계수 이외 다른 소득 불평등 지표인 P90/P10와 5분위 배율도 동일한 결과를 나타낸다. P90/P10은 상위 10%(P90) 경계에 해당하는 소득이 하위 10%(P90) 경계에 해당하는 소득의 몇 배인지 드러낸다. 예를 들어 국민이 100명이 있는 경제에서 소득 순서대로 높은 사람부터 100명을 줄 세웠을 경우, P90/P10은 10등인 사람의 소득이 90등인 사람의 소득과 비교해 몇 배인지 나타낸다. 이 수치가 클수록 상위 소득자와 하위 소득자 사이 격차가 크기 때문에 소득 불평등도가 높다. 5분위 배율은 한 경제의 개인 소득들을 5분위로 나누었을 때, 예를 들어 100명의 소득을 순서대로 정렬한 뒤 상위 20명 그다음 20명 등으로 5개 분위로 나누었을 때, 상위 20명의 '평균' 소득이 하위 20명의 '평균' 소득에 비해 몇 배인지를 나타낸다. 소득 불평등도가 심할수록 5분위 배

---

67 추가 분석에 따르면, 기본소득제를 통해 안심소득제하의 지니계수(0.250)를 달성하기 위해서는 15세 이상 국민에 대해 1인당 연간 425만 원을 지원해야 하며 사회 수혜금 절약분을 감안해도 약 143조 2,168억 원이 소요된다. 2015년 기준 보건·복지·고용 분야에 배당된 정부 예산 120조 4,000억 원의 약 1.2배에 달하는 규모다.

율도 커진다.

아래 표를 보면 시장 소득 기준 P90/P10은 6.35로, 상위 10%에 해당하는 사람의 소득이 하위 10%에 하당하는 사람 소득의 6.35배임을 드러낸다. 그런데 현재 소득 재분배 정책이 시행된 이후, 즉 시장 소득에서 각종 세금을 제하고 정부로부터의 보조금을 더한 처분가능 소득의 경우 P90/P10은 4.20까지 하락한다. 하지만 안심소득제를 시행할 경우 P90/P10은 무려 3.18까지 하락해 안심소득제가 현행 소득 재분배 정책하에서의 소득 불평등도를 무려 24.3%나 하락시킨다. 반면, 동일한 예산으로 기본소득제를 시행할 경우 P90/P10은 4.08까지만 하락해 소득 불평등도 개선율은 2.9%에 그친다.

안심소득제의 소득 불평등 완화 효과는 5분위 배율에서도 확인할 수 있다. 현재 시장 소득 기준 5분위 배율은 7.42다. 즉, 상위 20위의 평균 소득은 하위 20% 평균 소득의 7.42배다. 현행 소득 재분배 정책을 시행한 이후 처분가능 소득을 기준으로 5분위 배율을 추정하면 4.89까지 하락한다고 나타난다. 하지만 안심소득제를 시행할 경우에는 5분위 배율이 3.66까지 하락해 현행 소득 분배 정책에 추가로 소득 불평등도를 25.2% 하락시킨다. 반면,

기본소득제 시행 이후에는 5분위 배율이 4.81까지만 하락해 현행 소득 분배 정책에 비해 추가적인 소득 불평등도 완화 효과는 1.6%에 그친다. 따라서 지니계수뿐만 아니라 P90/P10와 5분위 배율로 측정한 안심소득제의 소득 불평등도 개선 효과는 현행 제도와 기본소득제에 비해 월등하다.

한편, 소득 분포의 불균등도를 나타내는 다른 지표 중 하나가 상대적 빈곤율이다. 상대적 빈곤율은 중위소득의 50%보다 소득이 낮은 사람들의 비중을 의미한다. 여기서 중위소득은 개인 소득을 순서대로 나열했을 경우 중간에 오는 사람의 소득을 의미한다. 따라서 상대적 빈곤율은 소득이 전체 분포에서 중간을 차지하는 사람 소득의 절반에도 미치지 못하는 사람의 비중을 나타낸다. 현재 시장 소득 기준 상대적 빈곤율은 17.3%다. 그리고 현행 소득 재분배 정책 이후 상대적 빈곤율은 13.1%까지 하락한다. 하지만 안심소득제는 상대적 빈곤율을 무려 7.9%까지 하락시켜 처분가능 소득 대비 상대적 빈곤율을 5.2% 포인트나 하락시키는 효과를 보인다. 즉, 안심소득제하에서는 개인의 소득이 중위소득의 절반에도 미치지 못하는 사람이 7.9%에 불과하다는 의미다. 반면, 기본소득제는 처분가능 소득 기준 상대적 빈곤율 13.1%를

12.4%까지만 하락시켜 하락 효과가 0.7%포인트에 불과하다.

기본소득제는 저소득층의 소득을 끌어올려 중산층을 두껍게 만드는 효과도 월등하다. 아래 표에 따르면 시장 소득 기준 중산층, 즉 본인의 소득이 중위소득의 절반보다 높고 1.5배보다 낮은 사람의 비율이 62.9%, 현행 소득 재분배 제도 하에서 중산층은 68.6%까지 증가해 3명 중 2명이 중산층에 포함된다. 하지만 안심소득제를 시행할 경우 중산층의 비중은 무려 75.1%까지 증가해 4명 중 3명이 중산층에 포함되는 효과가 나타난다. 반면, 기본소득제를 시행할 경우에는 중산층 비중이 69.4%에 머물러, 안심소득제에 비해 소득 재분배를 통해 중산층 비중을 증가시키는 효과가 미약하다.

[표 7] 소득 불평등도 개선 효과 비교 (2015년 전체 가구 기준)

	시장 소득 (A)	처분가능 소득 (B)		안심소득(C)			기본소득(D)		
			(B)−(A)		(C)−(A)	(C)−(B)		(D)−(A)	(D)−(B)
지니계수	0.332	0.289	−0.043	0.250	−0.082	−0.039	0.285	−0.047	−0.004
p90/p10	6.35	4.20	−2.15	3.18	−3.17	−1.02	4.08	−2.27	−0.12

5분위배율	7.42	4.89	−2.53	3.66	−3.76	−1.23	4.81	−2.61	−0.08
상대적 빈곤율	17.3	13.1	−4.2	7.9	−9.4	−5.2	12.4	−4.9	−0.7
중산층 비율	62.9	68.6	5.7	75.1	12.2	6.5	69.4	6.5	0.8
DER 양극화 지수	0.209	0.191	−0.018	0.179	−0.030	−0.012	0.190	−0.019	−0.001

주1: 가계 동향 조사 원시 자료(2015년) 전체 가구를 기준으로 작성되었다. 통계청에서 발표하는 지니계수(전체 가구의 경우 0.341)와 약간의 차이가 있다. 통계청의 경우 가계 동향 조사에 농가 경제 조사 자료까지 통합하여 전체 가구라 칭하기 때문이다. 본 연구에서 전체 가구는 가계 동향 조사의 전체 가구만을 지칭한다. 참고로 농가 경제 조사를 사용하지 않는 2인 이상 비농가 또는 도시 2인 이상 가구의 경우 지니계수 등 모든 소득 분배 지표는 통계청이 발표하는 자료와 일치한다.

주2: 지니계수는 인구의 누적 비율과 소득의 누적 점유율 사이의 상관관계를 나타내는 로렌츠 곡선의 단점을 보완한 소득 불균등 지수로서 0과 1사이 숫자로 표현되며 클수록 소득 불평등도가 심함을 의미한다. P90/P10은 경계 소득을 기준으로 하위 10% 대비 상위 10%의 소득 배율을 나타내고 5분위 배율은 하위 20% 평균 소득 대비 상위 20% 평균 소득의 배율을 나타낸다. 한편 상대적 빈곤율은 중위소득의 50%에 미치지 못하는 가구의 비중을 나타내고 중산층 비중은 중위소득 50% 이상 150% 미만 가구의 비중을 나타낸다. DER 양극화 지수는 소득 분포가 양극으로 갈라져 있는 정도를 나타내는 0과 1 사이 지수로, 숫자가 클수록 양극화가 심함을 의미한다.

[그림 8] 안심소득과 기본소득의 소득 불평등 개선율

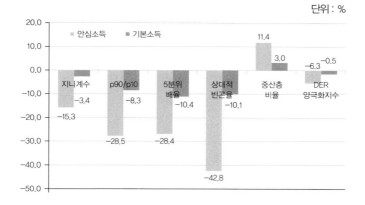

주 : 현재 소득 재분배 정책의 결과인 처분가능 소득에 대비해 안심소득제와 기본소득제하에서 각각의 소득 불균등 지표가 얼마나 개선되는지를 백분율로 나타낸다. 예를 들어 지니계수가 0.300에서 0.240으로 하락할 경우 지니계수는 20% 하락(즉, −20%)한 것으로 표시된다.

소득 불평등 정도를 나타내는 지표는 기본적으로 평균을 중심으로 소득 분포의 형태를 측정하기 위한 개념이다. 예를 들어, 지니계수나 P90/P10와 5분위 배율은 소득 분포의 중심으로부터의 거리를 바탕으로 소득 분포의 형태를 측정하는 방법이다. 하지만 소득 불평등과는 다소 차이가 있는 개념이 바로 소득 양극화다. 소득 양극화는 여러 개의 중심으로 소득 분포가 집락화

(clustering)하여 이질화되는 현상을 의미한다. 예를 들어 소득 상위층과 하위층 간 거리는 크지 않지만, 상위층에 여러 명이 모여 있고 하위층에도 여러 명이 모여 있다면 소득 분포는 두 개의 중심으로 집락화되어 있다. 따라서 소득 불평등 정도는 낮지만 소득 양극화 정도는 높다. 이처럼 소득 양극화의 개념은 소득 분포상 여러 이질적인 집단이 생기거나, 중산층이 붕괴하고 소득 분포가 양 극으로 갈라지는 정도를 측정한다.

위 표에는 4가지 소득 분포에 대한 DER 양극화 지수[68]를 나타낸다. DER 양극화 지수는 0과 1 사이 숫자이며, 클수록 소득 분포의 양극화 정도가 높음을 의미한다. DER 양극화 지수를 추정한 결과는 소득 불평등 지표와 유사하다. 우선 DER 양극화 지수로 측정한 시장 소득 기준 우리나라 소득 분포의 양극화 정도는 0.209다. 그리고 현행 소득 분배 제도하에서는 소득 분포의 양극

---

68   양극화를 측정하는 대표적 예로는 중위소득 근처의 소득 분산이 커질수록 소득
      양극화가 커진다고 정의하는 울프슨(Wolfson)의 양극화 지수가 있으며 Esteban
      and Ray(1994)의 ER 지수, ER지수를 계량한 Esteban, Gardin and Ray(1999)
      의 EGR 지수, 그리고 ER지수를 다양한 경우로 확대 적용한 Duclos, Esteban
      and Ray(2004)의 DER 지수가 있다.

화 정도가 0.191로 개선된다. 또한, 안심소득제를 시행할 경우 소득 분포의 양극화 정도는 0.179로 크게 개선된다. 안심소득제하에서는 기본적으로 소득이 낮은 가구에 보다 많이 지원하기 때문이다. 하지만 기본소득제하에서 양극화 정도는 0.190으로 현행 소득 분배 제도하에서 소득 분포의 양극화 정도인 0.191과 거의 동일한 수준이다. 이처럼 안심소득제의 소득 양극화 현상 완화 정도가 기본소득제에 비해 큰 이유는, 안심소득제하에서는 저소득층일수록 지원이 커져 소득 분포의 하위에 있는 가구의 소득이 중심 방향으로 이동하기 때문이다.

이상에서 살펴보았듯, 안심소득제는 현행 소득 재분배 정책에 비해 소득 불평등도를 완화하는 효과가 클 뿐만 아니라 기본소득제에 비해서는 그 효과가 월등하다. 동일한 예산을 투입하고도 안심소득제의 소득 불평등도 완화 효과가 기본소득제에 비해 월등한 이유는, 안심소득제하에서는 가구원 규모에 따라 가구 소득이 특정 수준 이하인 가구에 대해 집중 지원하기 때문이다. 달리 표현하면 기본소득제의 소득 불평등도 완화 효과가 작은 이유는 가구의 소득 수준과는 상관없이 15세 이상 모든 가구원에게 일정 금액을 나눠주기 때문이다.

지금까지는 일정 예산하에서 소득 불평등도 완화라는 목적을 달성하고자 할 경우, 기본소득제에 비해 안심소득제가 월등하다는 결과를 확인했다. 그러나 개별 가구의 입장에서는 안심소득제의 소득 불평등 완화 효과보다는 본인의 소득 증감이 더 중요한 사항이다. 따라서 이제 소득 분위별로 안심소득제를 도입했을 경우 소득이 증가 또는 감소하는 가구와 인구수를 살펴보고, 평균적으로 어느 정도로 소득이 증가하거나 감소하는지 살펴보고자 한다.

　　아래 표를 살펴보면, 안심소득제 시행 이후 전체 가구 중 약 89.4%가 처분가능 소득이 증가하거나 현재 처분가능 소득을 유지할 수 있다고 나타났다. 즉, 전체 가구 중 사회 수혜금을 공제하더라도 안심소득제로 지원받는 금액으로 인해 소득이 증가하거나, 최소한 현재 처분가능 소득 수준을 유지하는 가구는 약 1,551만 가구로 전체의 89.4%에 해당한다. 또한 전체 인구 중 89.3%인 4,089만 명이 안심소득제 이후 소득이 증가하거나 현 수준을 유지한다고 나타났다.

　　한편, 전체 소득 분포를 10분위로 나누었을 경우, 안심소득제 실시 이후 소득 1분위에서 5분위(즉, 하위 50%) 가구의 평균 소득은 모두 증가하며 특히 1분위(하위 10%) 가구의 소득은 연간 약 437만 원가량 증가한다고 나타났다. 반면, 소득 6~10분위(상위 50%) 가구의 평균 소득은 안심소득제 도입 이후 감소한다고 나타났다. 일부 가구에서 기존에 지원받은 사회 수혜금을 더는 받을 수 없고, 동시에 소득이 일정 수준 이상이기 때문에 안심소득 지원을 받지 못하기 때문이다. 하지만 6~10 분위 가구의 소득 감소 정도는 평균적으로 연간 약 33만 원에서 58만 원 수준에 불과하다. 6~10분위 가구의 처분가능 소득이 연간 4,274만 원에서 8,917만 원인 점을 감안하면 충분히 수용 가능한 규모라고 판단된다.

[표 8] 안심소득제 실시 이후 소득 증가(또는 유지) 가구와 인구

소득 분위	가구		인원		연간 가구 소득 평균 증가분
	가구수	비중(%)	인원수(명)	비중(%)	
1	2,663,114	93.6	4,381,947	95.6	4,368,844
2	1,877,188	94.6	4,430,247	96.8	3,769,172
3	1,545,233	92.7	4,394,997	96.0	2,997,396
4	1,467,454	91.2	4,259,429	93.1	1,692,358

5	1,328,043	87.3	4,069,274	88.9	708,473
6	1,216,229	81.7	3,726,591	81.4	− 330,383
7	1,246,326	83.8	3,817,085	82.7	− 577,718
8	1,301,647	86.8	3,857,893	85.0	− 584,125
9	1,344,599	86.7	3,884,846	84.9	− 460,163
10	1,518,493	90.0	4,071,186	89.0	− 538,030
합계	15,508,326	89.4	40,893,495	89.3	—

주 : 소득 분위는 처분가능 소득을 기준으로 구분

요약 그리고 시사점

•

가난한 사람을 돕는 것에 대해서는 동의하기 쉬우나, 어떻게 도울지에 대해서는 합의를 이루기 어렵다. 본 장에서는 과연 가난한 사람을 어떻게 도와야 효율적이며 지속가능한지, 그 답을 구하기 위해 최근 논의의 중심에 있는 기본소득제와 그 대안으로 제시된 안심소득제의 소득 불평등 완화 정도를 가계 동향 조사 원시 자료를 바탕으로 검증했다.

추정 결과에 따르면, 첫째, 현재의 소득 재분배 정책은 일정 수준 이상의 소득 불평등 완화 효과를 나타낸다고 할 수 있다. 예를 들어, 시장 소득 기준으로 지니계수는 0.332이지만 현재 소득 재분배 과정을 거치면 0.289로 하락한다. 뿐만 아니라 P90/P10, 5분위 배율, 상대적 빈곤율, 중산층 비중과 DER 양극화 지수로 살펴봐도 현재 소득 재분배 정책은 소득 불평등과 양극화를 완화한다고 나타났다.

한편, 안심소득제를 실시할 경우 총 지원액은 약 37조 3,026억 원이며 연간 1 가구당 456만 원, 1인당 169만 원을 지원할 수 있다고 추정되었다. 한편, 안심소득제로 대체되는 기존 기초생활 보장 제도의 생계, 주거, 자활 급여와 국세청의 근로·자녀 장려금 관련 사회 수혜금 약 12조 4,497억 원을 공제할 경우 안심소득제를 시행하기 위해 소요되는 순예산은 24조 8,529억 원이다.

25조 원에 가까운 예산을 투입해 안심소득제를 실시할 경우 소득 불평등 정도를 크게 완화할 수 있다고 나타났다. 저소득층을 집중적으로 지원하는 방안이기 때문이다. 하지만 동일한 규모의 예산을 15세 이상 모든 국민에게 나눠주는 기본소득제를 실시할 경우 소득 불평등과 양극화를 완화하는 효과는 미흡했다. 기본소득제하에서는 소득 규모와 상관없이 모든 국민에게 일정 금액을 무조건적으로 나눠주기 때문이다.

최근 정재계에서도 다수 국민에게 재산, 소득, 근로 여부와 상관없이 '일정한 소득'을 보장하자는 기본소득제가 활발히 논의되고 있다. 그러나 현재 제시되고 있는 대부분 기본소득제의 지원 규모는 1인당 최대 연 100만 원 수준으로, 의미 있는 '일정 소득'을 보장할 수 없는 규모다. 뿐만 아니라 핀란드 등 기본소득제를 실험하는 모든 국가들의 목적은 실업 급여 등 기존 사회보장 혜택을 대체하고 사회보장 제도를 단순화해 효율성을 높이려는 시도다. 그러나 현재 우리나라에서는 기존 복지 제도에 더해 모든 국민에게 추가 지원을 약속하는, 전형적인 포퓰리즘 형태의 기본소득제가 논의되고 있다.

일부에서는 본격적인 기본소득제 도입에 앞서 연간 100만 원 수준에서 실험을 거치는 것이라고 주장한다. 하지만 기본소득제가 근로 의욕을 꺾지 않는 복지 제도라고 증명하기 위해서는, 모든 국민을 대상으로 100만 원씩 나눠주는 실험보다는 소수 국민을 대상으로 상당 수준의 소득을 보장하는 기본소득제를 실험해야 더 정상적인 접근 방법이다. 현재처럼 소규모 지원을 모든 국민에게 나눠주는 방식은 진정한 기본소득제 실험이 아니다. 정치적 목적을 지닌 전형적인 포퓰리즘의 한 형태일 뿐이다.

VI. 결론:
한국적 음소득세를
찾아서

가난은 모든 사회가 맞는 가장 큰 문제다. 가난한 사람들은 삶을 제대로 꾸려갈 수 없고, 사회는 그만큼 활력이 줄어든다. 그래서 개인적으로나 사회적으로나 근본적 불행인 가난을 줄이려는 충동과 노력은 자연스럽다. 실제로 고대 문명부터 모든 사회 개혁의 핵심은 가난에 대처하는 방안이었다.

다른 편으로는, 가난은 결코 풀릴 수 없는 문제다. 가난은 상대적이다. 가난한 사람들은 사회의 구성원 가운데 재산과 소득이 적은 사람들을 의미한다. 그래서 아무리 부유하고 평등한 사회라 하더라도, 가난한 사람들은 존재하기 마련이다. 대부분의 현대 사회에선 가난한 계층도 기아에 시달리지 않고, 단 한 세기 전엔 국왕도 누리지 못한 문명의 산물들을 누린다. 이제는 많은 사회에서 가난한 계층이 오히려 비만에 시달린다. 그래도 가난은 여전히 가장 중대한 사회 문제이며 앞으로도 그러할 것이다.

가난이 상대적이라는 사실은 '소득 불평등'이 세계적으로 가장 중요한 정치문제이자 쟁점이 되었다는 사실에서 잘 드러난다. 가난이 상대적이므로, 가난을 없애려면 모든 사람의 소득이 같아지도록 해야 한다. '가난한 사람들이 있다는 것은 문제지만, 큰 부자들이 생긴다는 것은 문제가 될 수 없다'라는 상식적인 지적이나, '시장은 덜 효율적인

것들을 퇴출하므로, 소득 격차는 자연스럽다'는 경제학적 설명은 '무
조건 평등한 사회를 만들라'는 함성에 묻혔다. 소득 불평등을 가장 중
요한 정치 문제로 만든 힘은 크게 성공한 소수에 대한 다수의 질시지
만, 그렇다고 문제가 되지 않는 것은 아니다. 다수가 문제라고 생각하
면, 문제가 된다.

본 장은 박기성 · 변양규(2017)의 일부를 수정한 것이다.

최저임금제

●

가난을 줄일 정책들을 찾는 정부 앞엔 두 길이 열렸다. 하나는 정부가 세금을 거두어 직접 가난한 사람들의 구제에 나서는 길이다. 다른 하나는 기업에 대한 규제를 통해 정부의 목표를 이루는 것이다. 정부로선 전자는 세금을 거두어야 하니 어렵고, 후자는 기업들에 떠미니 쉽다. 기업에 대한 규제가 점점 늘어나는 근본 이유 가운데 하나는 바로 이런 사정 때문이기도 하다.

가난과 관련된 정부의 규제 가운데 최저임금제가 대표적이다. 기업이 종업원들에게 지불하는 임금의 최저 수준을 규정함으로써 노동자의 소득을 높이려는 제도다. 이 제도는 노동자가 자신

의 노동을 그 이하로는 팔지 못하도록 막는 가격 바닥(price floor)
과 등가를 이룬다.

불행하게도, 선의에서 나온 최저임금제는 가난한 노동자들의
임금을 높이기보다는 한계 일자리들을 아예 없애는 효과를 지닌
다. 아주 낮지만, 별다른 기술이 없는 사람들이 기꺼이 받을 수준
의 임금만을 줄 수 있는 한계 일자리 수는 적지 않고 나름으로 사
회에 공헌한다. 최저임금이 시행되면, 그런 일자리들은 사라지거
나 기계가 대신한다. 그래서 가난한 사람들이 당장 어려움을 겪
고, 반면 일자리를 잃지 않은 사람들은 소득이 올라간다. 일자리
를 잃은 사람들이 희생해 일자리가 있는 사람들의 소득을 높이는
셈이다.

무엇보다도, 최저임금은 노동자들을 보호하는 대신 그들의 자
유를 아주 엄격히 제약한다. 미국 경제학자 조지 스티글러의 표
현을 빌리면, "고용주들이 법정 최소액보다 적게 지불하지 못하
도록 하는 것은, 노동자들이 그들의 노동을 법정 최소액보다 적
은 금액에 팔지 못하도록 하는 것과 마찬가지다. 고용주들이 법
정 임금보다 적게 지불하지 못한다는 법적 제약은, 그 임금에 그
들을 고용할 의사가 있는 고용주들을 노동자들이 찾지 못한다면

그렇게 보호된 분야에서 아예 일하지 못한다는 법적 제약과 다를
바 없다."

최저임금이 안은 이론적 문제 가운데 가장 근본은 한 사회에
하나의 적절한 임금 기준이란 존재하지 않는다는 사실이다. 노
동 시장은 하나의 동질적인 시장이 아니라 사정이 서로 다른 하
위 시장들로 잘게 나뉜다. 당연히, 단일 최저임금은 너무 거칠 수
밖에 없다. 미국의 경우, 주(state) 수준의 최저임금은 고용에 별다
른 영향을 미치지 않지만, 연방 수준에서는 고용에 부정적인 영
향을 뚜렷이 미친다. 지금 진행 중인 푸에르토리코의 극심한 불
황과 파산에 연방 수준의 최저임금이 큰 몫을 했다는 분석은 이
러한 면을 잘 드러낸다.

원래 주류 경제학자들은 거의 다 최저임금에 반대했다. 그들은
최저임금이 고용에 미치는 영향을 이론적으로 분석했고 도표로
깔끔하게 정리해 주장을 뒷받침했다. 단기적으로 영향이 없어 보
이는 경우에도, 최저임금이 장기적으로 일자리를 줄인다고 그들
은 주장한다.

반면 최저임금에 찬성하는 경제학자들은 최저임금이 고용에
별다른 영향을 미치지 않거나, 때로는 고용을 늘린다고 주장한다.

그러나 그들은 그런 주장을 뚜렷한 이론과 논거로 떠받치지 못한다. 무엇보다도 경제학이 늘 자랑하는 수학적 모형을 내놓지 못해, 도표를 통해 일목요연히 설명하지 못한다. 그저 실사해보니 최저임금의 영향이 경제학의 상식과는 달리 나온다고 주장할 따름이다. 최저임금에 관한 논쟁이 늘 자료의 신빙성에 머무는 까닭이다.

게다가 그들의 주장엔 최저임금이 대체로 완만히 상승한다는 전제 조건이 따른다. 최저임금이 상당히 빠르게 상승하면, 고용과 경제 성장에 부정적 영향을 미친다는 점을 그들은 적어도 침묵으로 인정한다. 미심쩍은 얘기다. 시장에서 작동하는 경제적인 힘들은 하나같이 모든 영역에서 일관된 방향으로 작용한다. 경제학 이론들도 모두 보편적 이론이다. 균형점 가까이에서만 작동하는 힘도 없고, 균형점 가까이에서만 이롭고 거기서 벗어날수록 해로워지는 힘은 더욱 없고, 그런 이론도 당연히 없다. 고용에 영향을 미치는 많은 요인 가운데 최저임금만의 영향을 가려내기란 실질적으로 불가능하다. 따라서 최저임금의 긍정적 효과는 작거나 불분명한데, 그 부정적 영향은 분명하고 지속적이라는 주장에 힘이 실릴 수밖에 없다.

소득 보조금

●

정부가 스스로 가난에 대처하는 길은 가난한 사람들에게 보조금을 지급하는 방안이다. 실제로 지금 모든 나라들은 가난한 사람들에게 보조금을 지급한다. 그러나 소득 보조금은 정치적인 영향을 많이 받고, 이익 집단들의 좁은 이익을 위해 지급되는 경향이 심하다. 제도 자체가 안은 도덕적 해이도 크다. 그래서 실제로 가난을 해소하는 데는 크게 도움되지 않으면서도, 행정적 비용은 많이 든다.

　당연히, 보편적이고 효율적으로 가난을 줄일 길을 찾으려는 노력은 일찍부터 나왔다. 제1장에서 자세히 설명했듯이, 그런 모색은 사회 구성원 모두에게 기본소득을 보장하는 방안으로 귀결되었다. 그런 방안은 간단하고 직관적으로 그럴듯해서 많은 추종자들을 거느렸다. 제3장에서 살펴보았듯, 요 근래 여러 나라에서 기본소득에 대한 관심이 부쩍 높아졌다. 특히 핀란드에서 진행되는 대규모 실험은 다른 여러 나라에 큰 영향을 미칠 듯하다.

음소득세
Negative Income Tax

•

그러나 사회 문제에 대한 간단하고 직관적인 해결책들이 흔히 그러하듯, 기본소득 보장은 중대한 결점들을 지녔다. 보조금이 몰고 오게 마련인 근로 의욕 저상(disincentive)은 특히 대처하기 힘든 큰 문제다.

그런 결점들을 극복하려는 노력이 마침내 음소득세를 낳았다. 모든 시민에게 기본소득을 보장하는 제도로, 정부가 주는 보조금을 마이너스 소득세로 간주한다(그래서 음소득세라고 한다). 이 제도는 세금과 복지를 하나의 과표에 통합해 세율을 합리적으로 조정한다. 덕분에 정부 보조를 받는 사람들은 임금이 아주 낮은 일자리도 마다하지 않게 되어, 보조금으로 인한 근로 의욕 저상도 많이 줄어든다.

이 방안을 처음 생각해낸 사람은 영국 정치가이자 경제학자인 줄리에트 리스－윌리엄스(1898~1964)다. 1944년 그가 창안한 음소득세는 영국 자유당의 소득세 개혁 방안으로 채택되었다. 음소득세가 널리 알려진 계기는 1962년에 밀턴 프리드먼이 저서에서 가난을 완화하는 방안으로 추천한 것이다.

음소득세는 '개념적 아름다움'으로 많은 사람들을 매료했다. 음소득세의 개념적 핵심은 정부의 과세와 보조금 지급이 본질적으로 소득 재분배 기능을 하고, 그 점에서 동질적이라는 통찰이다. 그런 통찰에서 소득세와 보조금을 하나의 체계 속에서 다룰 수 있고 보조금을 음소득세로 파악하면 여러모로 긍정적이라는 발견이 나온다. 무엇보다도 경제학적으로 접근하거나 다루기 어려운 복지 보조금을 경제학이 지닌 조세 이론의 틀로 다룰 수 있다. 이런 깊은 수준의 질서가 음소득세가 지닌 개념적 아름다움의 원천이다. 그리고 그런 개념적 아름다움이 합리적 조세 제도와 복지 제도를 설계하려는 사람들을 끊임없이 끌어당기는 매력의 원천이다.

사정이 이러하므로 음소득세에 관해 논의할 때, 우리는 그 개

넘적 아름다움을 시야에서 놓치지 말아야 한다. 진정한 음소득세의 시행에서 가장 큰 장애로 판명된 근로 소득세 공제(earned income tax credit)는 그 점을 또렷이 보여준다. 음소득세의 원리를 부분적으로 차용한 근로 소득세 공제에선 음소득세의 개념적 아름다움을 찾기 힘들다. 그래서 애초에 음소득세를 창안하고 지지한 사람들이 희망했던 효과를 제대로 거두지 못했다.

여기서 우리가 주목할 점은, 음소득세가 큰 진화 과정을 겪은 개념이라는 사실이다. 과세와 보조금 지급이 정부의 소득 재분배 기능이고, 따라서 동질적이라는 경제학적 통찰에서 나왔다. 이런 개념적 돌파 덕분에 음소득세는 개념적 아름다움을 지니게 되었다. 이제 최저 소득의 보장은 음소득의 핵심 명제가 아니라, 당연한 결과가 되었다. 즉 음소득세에선 최저 소득의 보장이 자연스럽게 도출되지만, 최저 소득에선 음소득세의 핵심 개념들이 도출되지 않는다.

따라서 논의의 초점이 최저 소득에 맞추어지면, 기본소득이 부각되고 음소득세는 본질이 훼손될 위험이 있다. 이런 위험을 피하면서 기본소득에 대한 논의에서 동력을 얻는 일이 음소득세를 추진하는 기본 전략이다.

'안심소득제',
한국적 음소득세의 시도

•

이런 사정을 고려해 필진은 한국의 실정에 맞는 음소득세를 고안했다. 4인 가구를 기준으로 삼아, 연간 기본소득을 2천만 원으로 하고 한계 세율을 40%로 했다. 자연히, 면세점은 5천만 원이 된다. 즉 소득이 전혀 없는 가구는 정부로부터 연간 2천만 원을 현금으로 받는다. 그리고 자신이 버는 소득에 대해선 40%의 세금만을 낸다. 그래서 한 푼이라도 더 벌어야 훨씬 낫다. 소득이 올라가 5천만 원이 되면, 음소득세도 받지 않고 소득세도 내지 않는다. 기본소득과 면세점의 수준은 지금 우리 사회의 소득 수준을 고려하면 현실적이라 할 수 있다. 한계 세율 40%도 근로 의욕 저상 효과를 최소화할 수 있는 수준이다.

그러나 음소득세가 우리 사회에 도입되려면, 무척 험난한 장애들을 넘어야 한다. 조세와 복지 보조금을 통합한 제도이므로, 음소득세가 제대로 효과를 내려면 온갖 보조금들을 걷어내야 한다. 만일 그런 개혁이 제대로 되지 않는다면, 음소득세는 그들 위에 덧씌운 또 하나의 보조금으로 전락한다. 바로 이런 사정 때문에 음소득세를 주창한 프리드먼이 막판에 그에 대한 부분 도입안에 반대한 것이다.

그러나 보조금은 대부분 특정 이익집단을 겨냥하므로, 그것을 걷어내기란 정치적으로 거의 불가능하다. 앞서 지적한 대로, 지금 우리 사회의 소득 보조금들은 정부 스스로도 제대로 파악하지 못할 만큼 다양하다. 이런 현실을 고려해, 앞 절에서 일부 보조금만을 대체하는 방안을 제시했다. 그리고 면세점 이상의 소득에 대해선 기존 세제를 그대로 인정했다. 따라서 부분적 음소득세라 할 수 있다. 이런 정치적 고려는 자신들의 제안을 '안심소득제'라 한 데서도 드러난다.

음소득세는 실제로는 불변 한계 세율(constant marginal rate)을 지닌 조세 제도, 즉 단일세(flat tax)와 동질적이며 실제로 단일세의 한 종류로 인식된다. 엄밀히 따지면 음소득세가 단일세를 따라야 할 까닭은 없다. 부분적으로 누진세를 따라도, 음소득세의 의미가 크게 훼손되지는 않는다.

그러나 음소득세의 진화에서 근로 의욕 저상에 대한 대처가 중요한 요인이었으므로, 이번 경우처럼 구체적 방안을 마련할 때는 적절한 불변 한계 세율이 거의 필연적으로 채택된다. 누진세의 이론적 문제들과 현실적 남용 때문에 경제적 자유주의자들은 단일세로 기울었는데, 완전한 음소득세가 도입되면 자연스럽게 단일세가 도입된다. '안심소득제'는 이런 과감한 개혁의 시도가 한국 사회에서 성공할 수 없다는 현실을 인식하고 정치적 현실과 타협해서 나온 정책이다. 이는 현명한 판단이다. 근본적 세제 개혁은 나온 적이 드물고 성공한 적은 더욱 드물다.

앞서 살펴봤듯이, 이 제안이 시행된다면 성과는 자못 클 것이다. 혼란스럽고 낭비가 심한 보조금들을 대신하면 가난한 사람들을 진정으로 도와 사회적 정의를 구현한다. 아울러, 자영업과 중소기업을 위협하는 최저임금의 가파른 인상을 막을 계기가 될 것이다. 언젠가 총선에서 모든 정당이 최저임금의 수준을 4년 동안 50% 넘게 인상하겠다고 공약했다. 최저임금제의 폐해를 줄일 길은 이론적으로나 현실적으로나 음소득세의 도입이다. 이 점은 기회가 될 때마다 강조되어야 한다.

참고문헌

교육부. 2015년 국민기초생활보장사업 교육 급여 운영방안 안내. 2015.

국세청. 2015 국세통계연보. ebook. 2015.

국세청. "일하는 저소득 가구의 희망사다리! 2016년 근로·자녀 장려금 254만 가구에 신청 안내" 보도자료. 2016. 5. 4.

국토 교통부. 2016년 주거 급여 사업안내. 2016.

국회예산정책처. 대한민국재정 2016. 2016a.

국회예산정책처. 결산분석종합. 2016b.

기획 재정부. 2016년 나라살림 예산개요. 2016.

박기성. "가파른 최저임금인상의 고용 및 경제성장 효과" 규제연구 25 (2). (2016. 12): 3-17.

박기성, "안심소득제". Working Paper, 한국경제연구원, 2016.

박기성·변양규, "안심소득제의 효과". Working Paper, 한국경제연구원, 2017.

박기성·변양규. "한국형 안심소득제 효과와 소요 예산 추정". Working Paper, 한국경제연구원, 2016.

보건 복지부. 2016년 국민기초생활보장사업안내. 2016a.

보건 복지부. 2016 의료 급여사업안내. 2016b.

보건 복지부. 2016년 자활사업 안내 (Ⅰ). 2016c.

보건 복지부. 2015 보건복지백서. 2016b.

보건 복지부. 2016 보건복지통계연보. 2016c.

보건 복지부. "통계로 본 기초 연금." 2016a.

변양규 외. "양극화 논쟁, 그 오해와 진실" 정책연구 12-01. 한국경제연구원. 2012.

유경준. "소득 불평등도와 양극화." 한국개발연구원. 2007

Araar, A. and J. Duclos (2009), "DASP: Distributive Analysis Stata Package", *User Manual*, Université Laval, PEP, CIRPÉE and World Bank.

Arcarons, Jordi, Antoni Domenech, Daniel Raventos, Luis Torrens, "Un modelo de financiación de la Renta Básica para el conjunto del Reino de España: sí, se puede y es racional", www.sinpermiso.info, 7 de diciembre de 2014.

Birnbaum, Simon and Karl Widerquist, "The History of Basic Income", edited and abridged version of chapter 1 of *L'allocation universelle* by Philippe Van Parijs and Yannick Vanderborght, 2005. http://www. basicincome.org/basic-income/history/

Duclos, Esteban and Ray (2004), "Polarization: Concepts, Measurement, Estimation," *Econometrica*, 72, pp.1732-1772.

Esteban and Ray(1994), "On the Measure of Polarization", *Econometrica*, 62, pp.819-851.

Esteban, Gradin and Ray (1999), "Extensions of a Measure of Polarization, with an Application to the Income Distribution of Five OECD Countries", *Working Papers* 24, Institute de Estudies Economies de Galicia Pedro Barrié de la Maza.

Fery, Carl Benedikt and Michael A. Osborne, "The Future of Employment: How Susceptible Are Jobs to Computerisation?", *Working Papers*, Oxford Martin Programme on Technology and Employment, September 17, 2013.

Forget, Evelyn L., "Advocating negative income taxes: Juliet Rhys-Williams and Milton Friedman".

Friedman, Milton, *Capitalism and Freedom*. The University of Chicago Press, 1962. and Rose, *Free to Choose*. Harcourt Brace Jovanovich, 1980.

Jones, D. Caradog, "A New Social Contract: Abstract", *Nature 150*, 12 December 1942.

Kangas, Olli, *From Idea to experiment:* Report on universal basic income experiment in Finland. Kela/Fpa Working papers106, 2016.

Lange, Oskar, "On the Economic Theory of Socialism", *The Review of Economic Studies*, Vol. 4, No. 1, 1936.

Mill, John Stuart, *Principles of Political Economy*. Edited with an introduction by Sir W. J. Ashley. New York: A. M. Kelly, 1965. (Reprint of 1909 edition)

Moffitt, Robert A. "The Negative Income Tax and the Evolution of U.S. Welfare Policy." *Journal of Economic Perspectives* 17 (3) (Summer 2003): 119~140.

More, Thomas, *Utopia*, The Project Gutenberg eBook, Edited by Henry Morley, Transcribed from the 1901 Cassell & Company Edition by David Price.

Murray, Charles, *In Our Hands: A Plan to Replace the Welfare State.* Revised and Updated Edition. The AEI Press, 2016.

Paine, Thomas, *The Writings of Thomas Paine*, Vol. 3, (The Project

Gutenberg e-Book, Kindle Version, 2010)

Russell, Bertrand, *Proposed Roads to Freedom: Socialism, Anarchism, and Syndicalism*. London: Unwin Books, 1918.

Wolfson(1994), "When Inequalities Diverge", *American Economic Review*, 84(2), May 1994, pp.353~358.

Wolfson(1997) "Divergent Inequalities: Theory and Empirical Results," *Review of Income and Wealth* v.43 n.3, pp.401~421.

기본소득
논란의 두 얼굴

제1판 1쇄 인쇄 | 2017년 5월 8일
제1판 1쇄 발행 | 2017년 5월 12일

지은이 | 복거일 · 김우택 · 이영환 · 박기성 · 변양규
펴낸이 | 한경준
펴낸곳 | 한국경제신문 한경BP
편집주간 | 전준석
외주편집 | 박유진
기획 | 유능한
저작권 | 백상아
홍보 | 이진화 · 남영란
마케팅 | 배한일 · 김규형
디자인 | 김홍신
표지 · 본문디자인 | 데시그

주소 | 서울특별시 중구 청파로 463
기획출판팀 | 02-3604-553~6
영업마케팅팀 | 02-3604-595, 583 FAX | 02-3604-599
H | http://bp.hankyung.com   E | bp@hankyung.com
T | @hankbp   F | www.facebook.com / hankyungbp
등록 | 제 2-315(1967. 5. 15)

ISBN 978-89-475-4203-6   03300